湖南省农村"空心房"整治实践与探索

主编：刘宝钦　曾　毅

湖南地图出版社

图书在版编目（CIP）数据

湖南省农村"空心房"整治实践与探索 / 刘宝钦，曾毅主编 .——长沙：湖南地图出版社，2020.4

ISBN 978-7-5530-0664-2

Ⅰ.①湖… Ⅱ.①刘… ②曾… Ⅲ.①农村住宅—土地管理—研究—湖南 Ⅳ.① F321.1

中国版本图书馆 CIP 数据核字 (2020) 第 066683 号

湖南省农村"空心房"整治实践与探索

HNNANSHENG NONGCUN"KONGXINFANG"ZHENGZHI SHIJIAN YU TANSUO

主　　编：刘宝钦　曾　毅

责任编辑：刘海英

出版发行：湖南地图出版社有限责任公司

地　　址：长沙市韶山中路 693 号

邮　　编：410007

印　　刷：湖南众鑫印务有限公司

字　　数：338 千字

印　　张：11.625

版　　次：2020 年 4 月第 1 版

印　　次：2020 年 4 月第 1 次印刷

印　　数：3000 册

书　　号： ISBN 978-7-5530-0664-2

定　　价：39.80 元

序

近年来，随着湖南省新型城镇化、工业化的迅速推进，越来越多的农村人口进入城市，加之过去农村规划滞后、建设无序、布局不优等原因，导致农村居民点内部出现了大量无人居住的闲置房、危房。此外乡镇原"七站八所"和企业改制后在农村留下了一批破败的机关院落、仓库、宿舍、办公房，长期处于闲置、废弃状态。这些农村"空心房"的长期存在，形成了低档次的农村人居环境，既影响村容村貌、存在安全隐患，又浪费了宝贵的土地资源，严重制约了乡村经济社会的可持续发展。

"发掘承继昨日乡建的旧痕陈迹，上下求索今日乡建的何去何从。"湘阴县先行先试，2017年以来全面推进农村"空心房"整治工作，将白泥湖园艺所片区、金龙镇燎原片区、六塘乡金珠口片区纳入"空心房"整治示范区，形成了"空心房"整治＋高标准农田建设、美丽乡村建设、村民集中建房等推动农村"空心房"整治的先进模式，促进了生产空间集约高效、生活空间宜居适度、生态空间山清水秀，探索走出了一条资源高效利用、加速乡村振兴的可持续发展之路，为湖南农村"空心房"整治起到了良好的示范作用，在全国形成了江南丘岗地区农村"空心房"整治可借鉴可复制的模式。

为有效促进湖南省农村"空心房"整治，推动湖南省农村土地资源高效高质量利用，湖南省国土资源规划院联合广东国地资源与环境研究院共同编制了《湖南省农村"空心房"整治实践与探索》一书，详细梳理了湖南省农村"空心房"形成的原因，分析了农村发展面临的时代背景、"空心房"整治的动力和理论基础，总结了湘阴县在农村"空心房"整治方面的先进经验和做法，同时借鉴国内外相关案例与模式，对湖南省推动农村"空心房"整治提出了系统建议。目前，全国已部署推进全域土地综合整治工作。希望此书的出版能够起到抛砖引玉之功效，推动湖南省全域土地综合整治特别是农村"空心房"整治工作，探索出更多符合湖南省地方特色的示范案例，为全乡村振兴和美丽农村建设献出一份力。

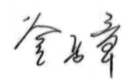

前　言

改革开放四十年来，我国经济社会发展速度举世瞩目，工业化、城镇化进程不断加快，对农村发展产生了深刻影响。随着农村劳动力不断向城市转移、集聚，农民收入持续增加，农村住房需求不断增长。在农村建设规划缺失、土地管理缺位的情况下，逐渐产生了一些闲置、废弃建筑的"空心房"现象，并由个体逐步扩张，形成了具有大量闲置、废弃建筑的"空心村"。进入 21 世纪以来，我国经济社会发展进入加速转型阶段，由于城乡二元体制的架构仍未根本突破，城乡之间的利益冲突与农民工就业的压力尚未根本缓减，城乡之间的发展差距呈现扩大趋势。农村土地制度改革和规划管理滞后的局面尚未全面改观，农村"空心房"现象有增无减。大量农村"空心房"的存在，既影响村容村貌、存在安全隐患，又浪费了宝贵的土地资源，阻碍了农村经济社会的可持续发展，成为建设美丽乡村和实现乡村振兴亟需解决的难题。

目 录

第一篇　背景和理论

第二篇　农村"空心房"整治实践

第三篇 经验借鉴与评价反思

第四篇　探索与建议

第一篇

背景和理论

第一章

农村"空心房"整治的时代背景

农村"空心房"是城乡发展转型过程中乡村人地关系地域系统演化的一种不良现象，是复杂的经济社会发展过程在村庄物质形态中的表现，其形成与城乡二元的土地制度、户籍制度以及不完善的社会保障制度等因素密切相关。农村"空心房"的大量存在，不仅造成土地资源的巨大浪费，而且影响到农村居民的生活环境，阻碍了农村经济社会的可持续发展。党的"十八大"以来，国家提出建设美丽乡村、改善农村人居环境、改革农村土地制度、实施乡村振兴战略等宏观政策要求，着力破解城乡发展不平衡、农村发展不充分、人地关系不协调等突出问题。

近年来，随着湖南省新型城镇化、工业化的迅速推进，越来越多的农村人口进入城市，部分农民外出长三角、珠三角等经济发达地区务工，加之过去农村规划滞后、建设无序、布局不优等原因，导致农村产生了大量闲置废弃的"空心房"，既影响村容村貌、造成安全隐患，又浪费土地资源、阻碍乡村可持续发展，产生了众多的社会经济问题。这就要求湖南省必须重视农村"空心房"问题，开展农村"空心房"的综合整治工作，为湖南省推进乡村振兴战略和城乡融合打开突破口。

第一节 宏观政策背景

近年来，为了有效解决"三农问题"，缩小城乡差距，中央相继出台了一系列政策文件，提出了一系列有利于农村发展、农民生活的新思想、新理念、新政策，不断加强农村居民生活环境的建设与整治，加快实现乡村振兴，促进城乡融合发展，为农村有效开展"空心房"整治，提供了有力的支持。

一、"空心房"整治是实施生态文明体制改革和乡村振兴战略的题中之义

良好生态环境是农村最大优势和宝贵财富。2015年9月11日，中共中央政治局召开会议，审议通过了《生态文明体制改革总体方案》。方案要求以建设美丽中国为目标，树立发展和保护相统一、绿水青山就是金山银山、山水林田湖是一个生命共同体等理念，以解决生态环境领域突出问题为导向，保障国家生态安全，改善环境质量，提高资源利用效率，推动形成人与自然和谐发展的现代化建设新格局。十九大报告中不仅再次提到要加快生态文明体制改革，建设美丽中国，而且提出了实施乡村振兴战略，按照"产业兴旺、生态宜居、乡风文明、治理有效、生活富裕"的总要求，建立健全城乡融合发展体制机制和政策体系，加快推进农业农村现代化。2018年1月《中共中央国务院关于实施乡村振兴战略的意见》（以下简称《意见》）发布，对实施乡村振兴战略进行了全面部署，提出乡村振兴是以农村经济发展为基础，包括农村文化、治理、民生、生态在内的乡村发展水平的整体性提升。《意见》提出持续改善农村人居环境，逐步建立农村低收入群体安全住房保障机制。强化新建农房规划管控，加强"空心村"服务管理和改造。

由此可见，国家高度重视生态文明建设以及农村全面发展和整体提升，农村经济发展和人居环境改善成为乡村振兴的题中之义。而农村"空心房"的存在则不利于农村生态文明建设和乡村振兴。湖南省人口众多，省情复杂，改革开放以来农村经济取得了长足的进步，但是农村整体发展水平仍然较为滞后，发展不均衡。湖南省靠近长三角和珠三角，近半劳动力在外务工，农村"空心化"、老龄化现象较为普遍。湖南省地貌类型多样，以山地、丘陵为主，河湖密布，生态环境保护压力大，部分地区环境污染严重。进行"空心房"综合整治，成为湖南省推进乡村振兴和环境整治的突破口，与国家的乡村振兴战略、生态文明体制改革等高度吻合，是一项一举多得、多方共赢的举措。未来湖南省农村经济的发展，必须以改善农民生产生活条件和生态环境为目标，加大对农村生态环境和人居环境治理，切实推进农村土地综合整治，以"空心房"整治推动乡村生态修复、空间布局优化、产业兴旺，实现百姓富、生态美的统一，打造人与自然和谐共生发展新格局。

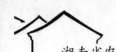

二、"空心房"整治是改善农村人居环境和建设美丽乡村的有效途径

改善农村人居环境，建设美丽宜居乡村，是实施乡村振兴战略的一项重要任务，事关全面建成小康社会，事关广大农民根本福祉，事关农村社会文明和谐。2013年中央1号文件明确提出"努力建设美丽乡村"的战略布局。2015年国家又发布了《美丽乡村建设指南》，对村庄基础设施建设、村庄规划、生态环境、经济发展等方面都制定了具体的标准。2018年2月，中共中央办公厅、国务院办公厅印发了《农村人居环境整治三年行动方案》，要求以建设美丽宜居村庄为导向，以农村垃圾、污水治理和村容村貌提升为主攻方向，重点推进农村生活垃圾治理、厕所粪污治理，梯次推进农村生活污水治理，提升村容村貌，加强村庄规划管理。

现阶段，湖南省不少农村"空心房"长期废弃、无人居住、修缮，严重影响村庄卫生和村容整洁。开展农村"空心房"整治，将其与农村污水治理、黑臭水体治理、"厕所革命"、消除安全隐患有机结合起来，能够从源头上改变农村"脏、乱、差"的问题，切实改善农村人居环境，提升村容村貌，助推美丽宜居新乡村的建设，顺应广大农民日益增长的美好生活需要。开展"空心房"整治成为湖南省改善农村人居环境和建设美丽乡村的有效途径，势在必行。

三、"空心房"整治是节约集约用地和农村土地制度改革的重要推手

伴随着多年的工业化、城镇化过程，建设用地规模不断扩大，耕地面积逐步下降，现有的土地开发整理的增地潜力十分有限，坚守18亿亩耕地红线，保障经济发展合理的用地需求，迫切需要新的补充耕地来源。在土地供需矛盾急剧凸显态势下，节约集约利用土地迫在眉睫。2008年，《国务院关于促进节约集约用地的通知》(国发〔2008〕3号)明确要求，切实保护耕地，大力促进节约集约用地；2012年4月《国土资源部关于大力推进节约集约用地制度建设的意见》(国土资发〔2012〕47号)提出以提升土地资源利用效率和土地投入产出水平为着力点，合理控制建设用地规模，优化土地利用布局和结构，创新节约集约用地模式；2014年3月《节约集约利用土地规定》(国土资源部令第61号)第一次以部门规章的形式对土地节约集约利用进行了规范和引导，提出通过规模引导、布局优化、标准控制、市场配置、盘活利用等手段，达到节约土地、减量用地、提升用地强度、促进低效废弃地再利用、优化土地利用结构和布局、提高土地利用效率；2014年10月，《国土资源部关于推进土地节约集约利

用的指导意见》（国土资发〔2014〕）119号）提出要紧紧围绕使市场在资源配置中起决定性作用和更好发挥政府作用，坚持和完善最严格的节约用地制度，遵循严控增量、盘活存量、优化结构、提高效率的总要求，大力推进节约集约用地。

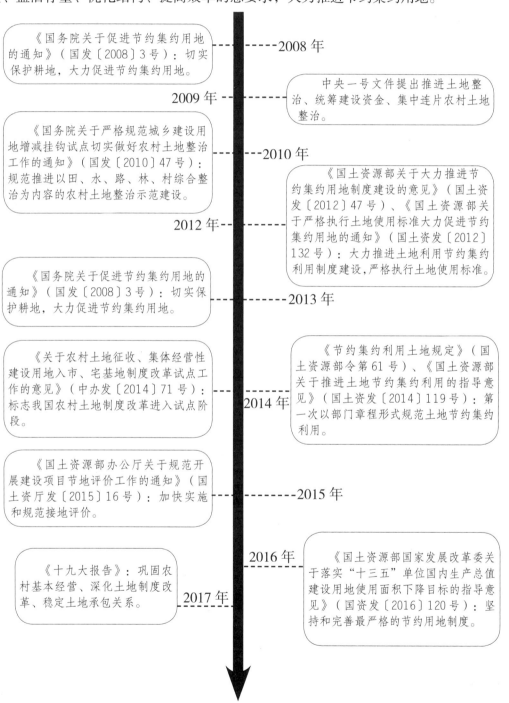

图1-1 国家土地集约节约政策回顾

近年来，以家庭联产承包责任制为载体的农村土地制度改革效应逐渐枯竭：一方面，农村土地产权权能缺失，农民收入和农业经济可持续增长乏力；另一方面，农村土地产权制度激励功能不足，农民从事农业生产的积极性不高，农村市场化改革推进速度缓慢，农业生产力难以完全释放。整体性、系统性推进农村土地制度改革已经刻不容缓。2013年，党的十八届三中全会审议通过了《中共中央关于全面深化改革若干重大问题的决定》，明确了农村土地制度改革的方向和任务；2015年1月，中共中央办公厅和国务院办公厅联合印发了《关于农村土地征收、集体经营性建设用地入市、宅基地制度改革试点工作的意见》，标志着我国农村土地制度改革进入试点阶段；2017年党的十九大报告提出，巩固和完善农村基本经营制度，深化农村土地制度改革，完善承包地"三权"分置制度；保持土地承包关系稳定并长久不变，第二轮土地承包到期后再延长三十年。

从现实情况来看，湖南省村庄数量极多，占地规模大，随着湖南省城镇化率的逐步提高，农村人口逐渐下降，但是农村宅基地数量却并没相应地减少，且人均建设面积多有超标。农村"空心房"的出现，很大缘由就是"一户一宅"的宅基地制度推行得不够彻底，再加上农村基层政府缺乏规划意识，导致村民可以随意选择新建住宅位置，住宅分布杂乱无章，极大地浪费了土地资源。实施"空心房"整治，盘活村庄废弃与闲置用地，推进农村土地流转，优化乡村空间格局，可以有效助推农村土地制度改革，促进湖南省农村经济的进一步发展。科学推进农村"空心房"整治，具有腾退农村建设用地和增加耕地面积的巨大潜力，同时也有助于农业规模化经营和基地化生产，推动土地的节约集约利用，由此可见实施"空心房"整治已经成为节约集约用地和农村土地制度改革的重要推手。

第二节　区域发展背景

2013年，习近平总书记在湖南考察时，首次提出湖南位于"东部沿海地区和中西部地区过渡带、长江开放经济带和沿海开放经济带结合部"（即"一带一部"）的区位优势，为湖南省未来发展明确了定位、指明了方向。为了抢抓"一带一部"历史新机遇，积极主动融入长江开放经济带，推进新型城镇化发展、长株潭城市群建设、洞庭湖生态经济区发展成为湖南发展的重要战略，随着湖南省经济社会的发展，必然会对建设用地提出更大的需求，而农村"空心房"的广泛存在则浪费了大量土地资源，很大程度上阻碍了"一带一部"战略的实施，亟需整治。

一、"空心房"整治是推进新型城镇化和长江经济带发展的重要举措

长江经济带覆盖上海、江苏、浙江、安徽、江西、湖北、湖南、重庆、四川、云南、贵州等11省市，面积约205万平方公里，人口和生产总值均超过全国的40%。长江经济带横跨我国东中西三大区域，具有独特优势和巨大发展潜力。为了抓住历史机遇，迎合湖南省"一带一部"的战略定位，湖南省积极推动长江经济带的发展，稳妥地推进城镇化进程，力图使其成为推动经济社会转型发展和区域协调发展的强大引擎，推动城乡融合发展，实现人的全面发展与社会和谐进步。

2014年湖南省政府出台了《湖南省人民政府关于印发〈湖南省推进新型城镇化实施纲要（2014—2020年）〉的通知》（湘政发〔2014〕32号），对湖南全省城市的城镇化推进做了细致的部署和安排，提出要大力开展农村环境综合整治，强化村镇布局规划对农村建设活动的管控作用，深化土地管理制度改革，优化农村基础设施和公共服务设施布局，建设美丽乡村。2015年《中共湖南省委 湖南省人民政府关于印发〈湖南省新型城镇化规划（2015—2020）〉的通知》（湘发〔2015〕12号）提出统筹城乡发展，强化环境保护和生态修复，节约集约利用土地、水、能源等资源，切实保护耕地和基本农田；2015年9月湖南省政府发布了《关于印发〈2015年湖南省推动长江经济带发展工作要点〉的通知》（湘政办发〔2015〕83号），提出要推进新型城镇化建设，统筹城乡发展，要求提升乡镇村庄规划管理水平，加强农村人居环境治理，建设农民幸福生活的美好家园。2016年国家出台《长江经济带发展规划纲要》，提出了优化城镇空间格局、推进农业转移人口市民化、加强新型城市建设、统筹城乡发展等重点内容。然而农村大量存在的"空心房"，严重影响了乡村的村容村貌，阻碍了社会经济发展，迟滞了城镇化进程，是湖南省推进城镇化进程、建设长江经济带过程中必然要面对和解决的关键性问题。

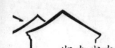

二、"空心房"整治是推进长株潭城市群建设的重要保障

长株潭城市群位于湖南省中东部，以长沙、株洲、湘潭三市为依托，辐射周边岳阳、常德、益阳、衡阳、娄底五市的区域，总面积9.68万平方公里，人口4077万，分别占全省的45.7%和61%。2013年，城市群实现GDP 19656.81亿元，占全省76.9%，是湖南省经济发展的核心增长极。近年来，长株潭城市群在社会经济发展过程中不断面临新情况、新问题，故政府于2014年出台了最新调整的《长株潭城市群区域规划（2008—2020）》，对长株潭城市群发展做出了详细的规划，要求坚持集约发展，加快整合乡村居民点，推动土地资源的节约利用，推进空间高效利用。要建设生态农业，提高农民收入，美化乡村环境。2017年岳阳市亦编纂了修改后的《岳阳市城市总体规划（2008—2030）》，明确提出要编制县（市）域村镇体系规划，对现有村庄进行综合整治，坚持集约、节约原则，合理推进居民住房建设，完善基础设施和社会服务设施配套建设，加强农村环境的综合整治。

长株潭城市群的建设和发展，不可避免地会带来建设用地的大量增加，在土地资源日益紧缺的今天，要想在18亿亩耕地红线的约束下，保障经济发展和城市建设合理的用地需求，农村为数众多、占地规模庞大的"空心房"成为腾退农村建设用地和增加耕地面积的"潜力股"，结合城乡建设用地增减挂钩政策，可以有效缓解长株潭城市群建设用地指标不足问题，为长株潭城市群建设提供重要的用地空间保障。

三、"空心房"整治是推进洞庭湖生态经济区发展的必由之路

洞庭湖地跨湘、鄂两省，是我国第二大淡水湖、亚洲最大内陆湿地和国家重要商品粮棉油、畜禽、水产品生产基地，素有"鱼米之乡"和"天下粮仓"的美誉，担负着保障国家粮食安全和长江流域水生态安全的重大责任。洞庭湖生态经济区规划包括岳阳、常德、益阳3市，长沙市望城区和湖北省荆州市，共33个县市区，规划总面积6.05万平方公里。2014年国家发布了《国家发展改革委关于印发洞庭湖生态经济区规划的通知》（发改地区〔2014〕840号），《洞庭湖生态经济区规划》提出要全面改善农村生产生活条件，加快美丽乡村建设，要引导散居农户集中居住，因地制宜发展农村集镇，加强基础设施和公共服务设施建设，开展村庄环境整治，建设绿色生态乡村。2017年湖南省政府发布了《湖南省人民政府办公厅关于印发〈洞庭湖生

态环境专项整治三年行动计划（2018—2020）〉的通知》（湘政办发〔2017〕83号），要求以"改善水质、修复生态、人水和谐"为目标，加快推进洞庭湖区农村环境综合整治，加快生活污水处理设施建设和生活垃圾处理，推进黑臭水体治理，努力构建全国大湖流域生态文明建设示范区。

当前洞庭湖湖泊萎缩、生态退化问题日益凸显，对其生态环境的保护已经刻不容缓。以农村"空心房"整治为突破口，加大农村生态环境和人居环境治理，不仅可以有效改善农民的生产生活环境，推动农村基础设施建设，切实保障农民利益，还可以统筹湖区社会经济的发展和生态环境保护，促进城乡、区域协调发展，是实现洞庭湖生态经济区可持续发展的必由之路。

第三节　社会背景

新中国成立以来，我国农村经历了土地制度改革、社会主义改造、人民公社化运动、农村家庭联产承包责任制等一系列农村改革探索，走出了一条具有中国特色的农村改革与发展之路，促进了农村劳动力、土地等生产要素的流通和优化利用。然而在农村经济增长的同时，伴随着湖南省快速工业化、城市化发展，城乡关系出现了显著的变化，特别是城乡地域结构、产业结构、就业结构与社会结构均发生了快速演化。[1]由于中国长期"重城轻乡"的发展导向，产生了诸如城乡要素流动不协调、发展差距巨大、农村空心化和农村水土环境污染严重等一系列问题，严重制约了城乡经济的可持续发展，成为实现乡村振兴和城乡融合发展亟待解决的新课题。

一、湖南省农村"空心化"演进时移势迁

1. 改革开放之前，"空心房"现象尚不突出

新中国成立之前，湖南省作为8年抗日战争和3年解放战争的重要战场之一，广大农村地区发展遭受严重破坏。新中国成立初年，湖南省新建的住宅大部分是对农村大量因战争空置、废弃的房屋的修缮、改建。随着解放后第一次生育高峰出生人口

---

[1] 刘彦随，严镔，王艳飞. 新时期中国城乡发展的主要问题与转型对策 [J]. 经济地理，2016, 36(07):1-8.

陆续达到结婚年龄，从20世纪60年代末开始，湖南省农村中出现了第一次建房高峰。然而对这种住房需求的解决仍主要采用在村落内部对原有住房进行改建或翻建的方式[1]。这主要是基于两个方面原因：一是新宅基地的划批管理严格；二是1958年国家颁布的《户口登记条例》阻断了农业人口向非农领域转移或向城市迁移的通道，大量农村剩余劳动力滞留农村建房，构成了后来农村"空心房"产生的潜育环境。但由于该阶段农村边缘空闲地较多，所以农宅扩展占用耕地现象并不突出，很少出现闲置、废弃的建筑物。

2. 改革开放到二十世纪八十年代后期，农村"空心房"现象开始显现

十一届三中全会以后，家庭联产承包责任制由安徽小岗村迅速推及全国。而湖南省早在1979年就有部分生产队自创性地划分固定作业组，把劳动力、土地和其他生产资料分到作业组，开始探索农业生产责任制。80年代初湖南全省逐步建立了家庭联产承包责任制，农村人民的积极性得到极大提高，农村经济很快有了活力。村民住房条件得到较大改善，人均住房面积迅速增加。农村经济结构非农化的发展使农民收入来源呈现多元化，农户对大家庭的依赖程度逐步降低，主干家庭开始向核心家庭过渡，家庭规模的小型化进而引发了建房高峰[2]。在当时城乡二元结构的背景下，加速了农村宅基地向周边的扩展，而原来的村中心的一些老旧建筑则逐渐闲置、空置，农村"空心房"现象开始显现。

3. 八十年代末到九十年代末，"空心房"问题进一步凸显

二十世纪八九十年代，中国改革的重点转移到了城市经济领域。随着各项条件的改善，我国工业和城市经济得以迅速发展，与此同时家庭联产承包责任制等改革提高农业效率的潜力逐渐消失，农村经济发展放缓，城乡差距逐渐扩大。在这期间内，中国东南沿海地区凭借优越的自然条件和政策支持，经济得以迅速发展，创造了丰富的劳动力就业机会。湖南省因其地理位置紧邻长三角和珠三角，而户籍制度的松动又为城乡人口的迁移提供了条件，故而大批农村剩余青壮年劳动力纷纷涌入东南沿海尤

---

[1] 何峰. 湘南汉族传统村落空间形态演变机制与适应性研究 [D]. 湖南大学，2012.

[2] 刘彦随，等. 中国乡村发展研究报告——农村"空心化"及其整治策略 [M]. 科学出版社，2011:22.

其是长三角和珠三角地区。这些进城务工的劳动力只有逢年过节才会返回农村，造成了大量农村宅基地的季节性闲置。农村人口越来越趋向于高龄化，农村的经济基本停止不前[1]。此外随着人口的不断增长以及家庭结构的越小型化，农村的户数不断增加，农村宅基地面积不断扩大，进一步加剧了农村空置、闲置、废弃的宅基地的出现，"空心房"问题凸显。

4. 世纪之交时期，"空心房"数量急剧增加

进入世纪之交，我国农业结构问题越来越突出，农民收入缺乏新的增长点，与此同时中国要加入 WTO 与国际接轨，迫切需要调整农业生产结构。故而这段时期，农村经济结构发生巨大变化，再加上 1997 年亚洲金融危机的影响，我国农村经济继续呈回落趋势，城乡差距继续扩大。但由于国家扩大内需的颁布，湖南省各地农村建房却不断高涨，新建房不断向外围扩展。农业生产工具形式和内容的变化，使传统农业生产条件下所需要的打麦场、池塘等生产设施用地，大量地被闲置、废弃，再加上许多家庭在各自的农业用地中分散地建设永久或临时性的房屋，也导致其原有宅基地的空置与废弃[2]。

5. 二十一世纪初至"十八大"，"空心房"数量仍有一定增长

新世纪以来，我国进入一个城乡关系全面改革调整阶段。连续多个中央一号文件的颁布实现了一系列具有里程碑意义的重大改革。2000 年到 2010 年以来，湖南省土地开发整理实施规模 400 多万亩，连续 10 年实现耕地占补动态平衡，耕地保护一直走在全国前列。从 2009 年起，湖南省重点实施"千村示范、万村整治"工程，部分地区已取得积极的成绩，如长沙县圣毅园区农村土地综合整治项目，娄底市双峰县花门镇、井字镇农村土地综合整治项目等[3]。湖南省农村居民收入加速增长，村庄落后的面貌有所改善。然而在村庄建设及其综合整治的过程中，由于村庄布局分散，规划不到位，再加上法律机制又不健全，户籍制度的改革并不彻底，社会保障制度以及基础教育等仍然是按照户籍来提供的，导致村民参与度与整治积极性不高。部分农村

[1] 王军利. 我国新型城镇化进程中的"空心村"治理问题研究 [D]. 河北师范大学，2015.

[2] 刘彦随等. 中国乡村发展研究报告——农村"空心化"及其整治策略 [M]. 科学出版社，2011:24.

[3] 何峰. 湘南汉族传统村落空间形态演变机制与适应性研究 [D]. 湖南大学，2012.

整治违背农民意愿，通过"空心房"整治，强拆强建，大肆圈占集体土地；一些地方政府热衷于整治区位条件好的、容易改造的"空心房"，而不愿整治废弃多年的、村民改造工作难做的"空心房"；还有一些"空心房"整治，一味追求腾退村庄用地，建设高楼，很少考虑生产便民、生活利民因素。这一系列因素导致农村空置、废弃建筑不减反增，"空心房"问题依旧突出。

6. "十八大"以来，"空心房"增长渐趋停滞并逐步减少

党的"十八大"以来，在以习近平同志为核心的党中央坚强领导下，坚持把解决好"三农"问题作为全党工作重中之重，持续加大强农惠农富农政策力度，扎实推进农业现代化和新农村建设，全面深化农村改革，农业农村发展取得了历史性成就。在该段时期，湖南省积极响应中央的号召，陆续出台了多项针对农村土地综合整治的通知、文件，对农村土地空间进行科学规划，深入贯彻落实农村宅基地制度，开始对各地的"空心房""空心村"开展综合整治。再加上一些城市逐渐放宽外来人口的社会保障以及基础教育等政策，农村人口大量彻底转入城市，前些年农村的空置、废弃房屋急剧增长的趋势得到初步遏制。随着美丽乡村建设、乡村振兴、生态文明体制改革等一系列旨在促进农村可持续发展战略的实施以及农村土地制度改革的深入，今后一段时期湖南省"空心房"的数量增长将逐渐趋于停滞并逐步减少。

二、湖南省农村人口大量外迁，劳动力流失严重

1. 农村人口大量向城市转移

改革开放 40 年来，特别是近二十年来，湖南省城镇化进程不断加快，城镇化水平不断提高。据统计，1978—2017 年湖南省城镇化率从 11.50% 增加到 54.62%，城镇化率年均增长 1.08%。其中 2000—2017 年，年均提高 1.38%，城镇化进入快速发展阶段；与此同时，农村人口比重由 88.50% 减少到 45.38%，农村人口大量向城镇迁移对城镇化水平的提升产生重大影响。随着进城农民经济条件的改善，纷纷选择在城市购房定居，但是其农村旧宅却未拆除回收，造成了农村宅基地长期闲置；还有一些农村劳动力在城镇短期流动，只有逢年过节回乡，造成了宅基地"季节性闲置"。

---

[1] 刘彦随，严镔，王艳飞. 新时期中国城乡发展的主要问题与转型对策 [J]. 经济地理，2016，36(07).

2. 农村主体老弱化

乡村人口减少和老弱化是乡村主体空心化的主要表现形式[1]。1999 年至 2017 年，湖南省乡村常住人口由 4808 万人减少至 3113.1 万人，年均流出 94.16 万人。乡村人口流出以青壮年劳动力为主，人口的选择性流出促使乡村人口结构发生了明显的变化。2010 年，湖南省乡村 60 岁以上的老龄人口比重为 8.5%，比城市高 3.52 个百分点，且其中有近三成属于孤寡老人，高于城市 3.9 个百分点。由于青壮年劳动力的大量外流，农村留守老人、妇女、儿童问题日益凸显，农村田地面临着无人可耕的局面。

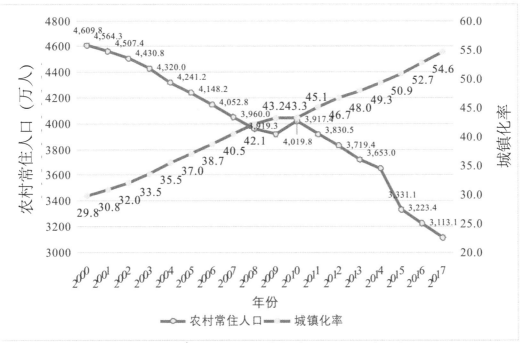

图 1-2　2000—2017 年湖南省城农村常住人口和镇化率变化状况

3. 农村智力流失严重

外出农民工大多为农村青壮年劳动力，其受教育水平和专业技能往往高于留守劳动力。大量青壮年高素质劳动力外出务工，对乡村发展而言是一把"双刃剑"：一方面，有助于通过土地流转实现规模经营，并且外出务工往往能够实现技能水平的提升，而后的回乡创业有助于推进乡村发展；另一方面，使得留在农村的劳动力素质始

[1] 刘彦随，等. 中国乡村发展研究报告——农村"空心化"及其整治策略 [M]. 科学出版社，2011:36.

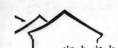
终处于相对较低的水平上，往往引致农业科技推广难、农业转型慢、农村基层组织出现断层、社会治安问题增多、留守儿童教育任务重、农村公共物品供给力不足等问题[1]。

三、湖南省农村经济增速慢，公共服务配套不足

1. 第一产业从事劳动力逐年下降

据统计2000—2016年，湖南省农林牧渔业总产值从1251.89亿元提高到6081.92亿元，年均增长9.74%，第一产业发展稳中有升。但是从事农林牧渔业的劳动力却在逐年下降，2000—2016年，湖南省从事农林牧渔业的劳动力从2065.92万人减少至1696.81万人，年平均减少21.71万人。这一方面是由于农业科技水平的提高以及农业机械化、规模化的推广，减少了对劳动力的使用需求，另一方面则是因为城镇化的快速推进，大量农村劳动力进入城市工作，寻求更高的收入机会。

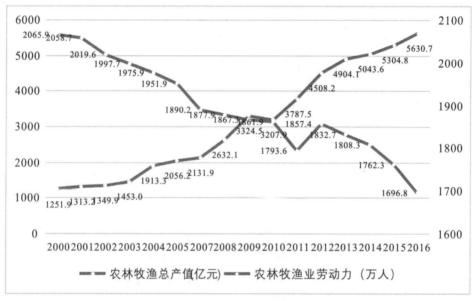

图1-3　2000—2016年湖南省第一产业产值及农林牧渔业劳动力情况

2. 农业收入增速慢、效益低

据统计2000—2016年，湖南省城镇人均可支配收入从6219元增至31284元，农民人均可支配收入从2197元增至11930元。虽然城乡收入比从2000年的2.83缩小至2016年的2.62，但是其绝对值差距却在逐年拉大，由2000年的4027元增至2016年的19354元，扩大了4.55倍。随着经济的快速发展，农业生产资料价格不断提高，

劳动力价格上涨，农民从事农业生产的成本直线上升，但是农产品价格上涨与成本的上涨却不成比例，农业生产效益逐渐降低、农民收益增加渐趋缓慢，严重的经济负担迫使部分村民进城打工，寻求更高的收入机会，促使农业剩余人口大量向城市转移，农村人口空心化严重。

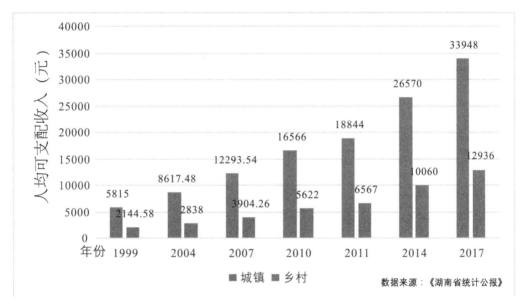

图1-4　1978—2017年湖南省城乡居民收入情况

3.农村基础设施和公共服务空心化

村人口大量流出和农村居民点建设用地的大量空置、废弃，进一步加大了公共资源配置的难度，增大了基础设施配套和使用成本。一些村集体由于经济基础薄弱，甚至无法提供村庄基础、公共服务设施所需资金，造成基础设施建设严重落后。尤其这些年农村地区中小学大规模裁并现象，加快了农村基础设施的"空心化"。据统计，2005—2016年，湖南省农村小学、普通中学校数分别由14664所和2618所减少至4722和1497所；农村中、小学在校人数分别由2005年的1666978人和2574927人减少至2016年的509023人和1478916人；中、小学教职工人数从2005年的123060人和165389人锐减至2016年的64865人和77539人。农村中、小学校过度裁并不仅导致农村出现诸如上学路程过远、家庭经济负担增大等一系列社会问题，并且致使农村中小学师资力量严重不足，人才流失严重。其结果不仅加剧了农村空心化进程，而且

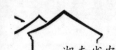

严重影响了农村青少年接受正常的教育。

四、湖南省农村土地利用粗放，污染严重

1. 农村居民点规模大、效率低

在城乡二元结构体制的长期影响下，农村人口的自由流动收到严重的制约，大量农村人口被禁锢在农村生活与生产之中，只能在农村申请宅基地建房，庞大的人口基数决定了巨大的农村居民点建设规模。据统计，2016 年末湖南省农村居民点建设用地 940274.23 公顷，农村人均住房面积 183.25 平方米，全省农村居民点用地占当年建设用地总量的 57.13%。农村居民点布局呈现出"散、乱、空"的局面。造成湖南省农村居民点建设用地至今仍呈快速增长趋势，主要原因有二：一是当前农村普遍存在土地利用规划不科学和宅基地管理缺位现象，农村宅基地用地不合理、审批不严格、建新不拆旧、"一户多宅"等问题十分严重；二是随着湖南省新型城镇化的大力推进，农村经济结构和家庭结构也逐渐发生转变，随着村民收入水平不断提高，许多青年人渴望拥有自己独立的住房，住房需求旺盛，建房能力增加，被长期压制的农民住宅需求开始释放，再加上进城农民工因难以落户城市，依然可以合法申请农村宅基地建房，导致农村居民点用地规模不断扩大，土地废弃闲置发展和低效利用问题严重。

2. 农村人口减少，建设用地反增

随着湖南省新型城镇化的大力推进，农村人口大规模向城市转移。然而由于城乡二元体制的影响根深蒂固，加上大城市市民化成本偏高，致使农民工无法放下包袱，彻底离开荒芜的土地和闲置的农村住房或宅基地，完全融入城市转变为城市居民。长期以来湖南省农村建房普遍存在规划不科学、用地不合理、建新不拆旧、多处占地建房等问题，使得村庄无序外延，村内产生了大量的无人居住的闲置房、危房，以及乡镇原"七站八所"和企业改制后在农村留下的一批破败的机关院落、仓库、宿舍、办公房，使得湖南省出现"农村人口减少，建设用地反增"的局面。据数据分析，从 2010 至 2016 年，湖南省农村常住人口减少 796.4 万人，而农村建设用地不减反增 6828.7 公顷（图 1-5）。农村常住人口的逐渐减少与新建住房占地持续增长相伴而生，建新不拆旧、"一户多宅"等问题普遍存在，加剧了土地资源的浪费和耕地资源的破坏，严重制约了农村可持续发展。

3. 村庄建设规划落后，布局混乱

改革开放以来，随着农村家庭联产承包责任制等一系列有利于农业、农村发展的制度确立，农村生产力得到极大解放，农民收入快速增长，改善居住条件的经济能力和意愿也越来越强烈，新建住房明显增多。但是，长期以来由于农村规划缺失，村庄建设无序，导致许多农村基础设施建设不合理，产生了诸如道路狭窄弯曲、旧房排水困难、房屋分布散乱等现象。加之农村经历多轮区划调整、企业改制，导致农村普遍缺少统一、科学的规划，而且农村建房审批与管理无序带来了许多实际问题，比如楼房建设质量不高、资金投入与监管无序、城乡空间总体布局不协调等[1]，导致农村产生了大量闲置废弃的破旧房屋。

图 1-5　2000—2016 年湖南省农村常住人口与居民点建设用地情况图

4. 农村土地污染严重

在湖南省城镇化、工业化的快速进程中，由于经济的粗放增长、资源过度开发利用、管理缺位等原因，农村的环境污染问题日益严重。随着大城市产业结构调整升

---

[1] 刘彦随，等 . 中国乡村发展研究报告——农村 "空心化" 及其整治策略 [M]. 科学出版社，2011:10.

级和环保要求提升，部分污染型工业由城市转移到农村，再加上农村本身人居环境较差，垃圾、污水等处理不到位，形成生活污染与工业污染相叠加的局面；同时，金属采矿与冶炼、禽畜养殖污染物排放、化肥农药的粗放滥用以及电子产品废弃物处理等问题突出，使得乡村耕地污染严重。据统计，2016 年湖南省化肥施用量为 836.97 万吨，农药使用量为 11.87 万吨，塑料薄膜使用量为 8.47 万吨，造成全省农田的大量污染。而且湖南作为重金属之乡，重金属污染严重，重大土壤污染事件频发，如 2009 年浏阳镇头镇镉污染事件、武冈县儿童血铅超标事件，严重影响了村民健康和农村经济的发展。

第二章

农村"空心房"整治的理论基础

进行"空心房"整治，首先需要界定"空心房"的概念，才能明确"空心房"整治的对象范围；其次要深入了解"空心房"的形成机制及其整治的动力，才能有针对性地提出整治方案；最后必须掌握各种相关理论知识，并将这些理论应用到"空心房"整治过程当中，才能更好地促进整治过程的顺利实施，提高整治的科学性。

第一节　"空心房"概念界定

"空心房"从来都不是一个法律概念，究竟什么是"空心房"，法律没有任何明文规定。我们所能见到"空心房"的概念、定义，全部来源于各地方的各种规范性文件上。实践中，"空心房"的认定标准一般有三个：其一，"空心房"属于"一户多宅"中多出来的宅基地上的房屋，性质上属于违建；其二，"空心房"应当长期无人实际居住，包括人员长期外出而导致的闲置、荒废；其三，"空心房"主要指缺乏修缮的土坯房，外观简陋影响村容村貌，还可能存在安全隐患。有代表性的情况是农村废弃的猪牛栏、坑式茅厕，以及那些户主人迁出已久、风雨飘摇残破不堪的危旧房子等。总体上，农村"空心房"就是农村一些空置、闲置、废弃的低效建筑物，其存在浪费了大量珍贵的土地资源，降低了农业产出，而且存在安全隐患，是农村土地综合整治过程中亟需解决的一大难题。

本研究所讲的农村"空心房"主要包括：（1）"闲置房"：长期无人居住或无人监管或无合法继承人的空房、杂屋以及废弃的企事业单位办公场所、宿舍、生产性用房等；（2）"危旧房"：主要指缺乏修缮的土坯房，危及人民生命财产安全、破烂不堪的房屋,以及受地质灾害、采矿塌陷区影响存在安全隐患的房屋;(3)"零散房":零星分布、简易建设的农业生产管理用房,如牲口棚、连茅圈等,以及分散居住且本人自愿拆除的房屋建筑;(4)"违建房":属于"一户多宅"中多出来的宅基地上的房屋,在大坝、堤防、渠道上和交通主干道两侧乱搭乱建的"违建房"等。

第二节 "空心房"形成机制

农村"空心房"形成是多种因素共同作用的结果,包括经济因素、社会文化因素、土地制度与管理因素、资源与环境因素等等,在其形成过程中,各种因素所起到的作用和影响也不尽相同,这就需要对"空心房"的形成机制进行系统综合的分析。

一、体制与制度因素

1. 城乡二元体制因素

由于我国长期实行的城乡分割二元体制,城乡之间诸如医疗水平、教育资源、社会保障以及就业和服务等方面的差距越拉越大。伴随着逐渐开放的户籍制度,农村剩余劳动力大批涌入城市。随着收入水平的提高,部分有能力的村民选择在城市购房,部分选择在农村新建住房,还有部分农村劳动力在城镇短期流动,造成了农村宅基地大量闲置、废弃以及"季节性闲置"。进入21世纪以来,随着经济体制改革的深入,我国传统的城乡二元经济格局已经发生了明显变化。但是,城乡二元经济结构的关键性体制因素,如城乡生产要素市场的统一、农村土地征占用制度的改革、社会保障制度的建设依然滞后。

(1)城乡二元户籍制度

随着市场化改革的逐步深入,城市的用工制度和二元结构利益保护制度约束逐渐松动,农民离土进城的条件变得日益成熟,户籍制度虽不再是限制农村劳动力进入城市的最主要障碍,但仍是进入城市正规劳动力市场的限制因素[1]。由于城乡发展一体化的长效机制尚未健全,受城乡二元结构体制的约束,城乡户籍群体在劳动力市场

---

[1] 刘彦随,等.中国乡村发展研究报告——农村"空心化"及其整治策略[M].科学出版社,2011:18.

会出现一定分异，在部门进入、职业获得和收入保障等方面存在明显差异[1]。只能进入非正规市场或次级农村劳动力市场，农民工难以获取与城市居民等量的养老保险、医疗保险、最低生活保障和子女教育等基本权利，被迫游离在城市边缘，进而导致农民无法放下包袱，彻底离开荒芜的土地和闲置的农村住房或宅基地，完全融入城市，促使农地大量撂荒和农村宅基地的成片闲置、废弃。

（2）城乡二元土地制度

我国城乡二元土地制度表现为城乡土地产权、土地用途、土地市场等典型的二元结构特征，使得城乡土地的效率和公平双双受损[2]。与城市土地产权相比，我国农村土地产权存在严重的产权歧视，当前农地承包经营权的债权特性较强，物权特性较弱，与城市土地使用权差别很大。城市住宅包括其占有的土地使用权可以自由买卖，而农村宅基地却不能自由转让，使得宅基地退出和房屋交易异常困难，导致迁移城市的原农村居民在农村的房屋长期闲置。此外现行的农用地使用权流转制度使大量农地处于分散和低效利用状态，不利于土地的产业化、集约化经营，经营农地的比较收益逐步降低，从而大幅缩小占用农地的机会成本，农地产权的虚位导致农用地监管不到位，宅基地占用村边耕地现象突出。

（3）城乡二元社会保障制度

我国城乡社会保障制度具有明显的差异。从总体上看，城镇逐步形成了以社会保险为核心，社会救助为基础包括法定的基本保险、企业补充保险、个人储蓄保险等多元化、多层次的社会保障体系；而广大农村只有包括养老、医疗合作等社会保险制度和农村最低生活保障等社会救济制度，失业保险、住房保障等社会福利很少或基本没有。农村土地保障成为了农民从事非农产业的退路和生存保障，成为农村正规社会保障之外十分重要的补充。但由于城乡二元社会保障制度的约束，城乡社会保障功能不能统筹，不健全的社会保障体系和较高的城市生活门槛使进城农民难获取生存保障和筹集到城镇长期生活所需的资金，农村劳动力多以短期方式流动，这些人以拥有住

[1] 李骏，顾燕峰.中国城市劳动力市场中的户籍分层[J].社会学研究，2011，25(02):48-77+244.
[2] 刘彦随，等.中国乡村发展研究报告——农村"空心化"及其整治策略[M].科学出版社，2011:18.

宅作为最后的保障，造成宅基地的"季节性闲置"[1]。

此外，教育、卫生、文化事业的城乡差别巨大，也是整个城乡二元经济社会结构的重要组成部分，城镇在基础交易可及性、办学条件和融资制度等方面明显优于农村，导致农村师资力量大量涌入城市，学生生源迅速下降，中小学数量急剧减少。近年来，农村基础教育逐渐引起农民家庭的普遍重视，富裕村民为使孩子能够接受良好的教育，纷纷在城市购买"学区房"，举家搬迁至城镇，但由于宅基地使用和管理制度的缺陷，这些村民继续持有多处宅基地，造成了农村大量"空心房"的产生。

2.宅基地管理体制因素

村镇规划管理不完善，审批制度不健全，缺少针对闲置宅基地处理制度与法规。我国农村集体土地的产权主体不明确，针对新建住房的审批制度不完善，缺乏对新建住房的约束。一些地方领导的规划观念滞后，宅基地审批缺乏依据，造成农民建房的随意性和盲目性，再加上农村基层干部的法制意识不强，无视国家土地法规政策，只要农民有建房需求，提出申请，不经深入调查，就随意审批宅基地。而申请者建新房大多不是旧宅翻新，实际上是沿公路或在承包的耕地上建新房，有的农户建新不拆旧，严重违反了国家规定的"一户一宅"要求，不仅占用大量耕地，而且旧宅基地也闲置、荒废下来。但同时国家又缺少针对闲置宅基地的政策，比如对祖辈故居、老旧、废弃房屋的收回处理制度；对于村民过多占有的宅基地缺乏严厉的惩罚与警戒制度；对于已经搬迁进城镇的村庄居民所留下的废弃宅基地的流转政策[2]，从而催生了大量农村"空心房"的产生。

二、经济因素

农民收入水平提高，建房能力提升。改革开放以来，随着工业化、城镇化的快速推进，农村经济与社会水平得到快速提升，农村经济结构非农化发展迅速，再加上部分农村剩余劳动力进入城市工作，大部分村民收入水平有了明显的提高。随着经济条件改善，农民建房、购房需求有了明显的增长，再加上许多青年人渴望拥有自己独

[1] 刘彦随，等.中国乡村发展研究报告——农村"空心化"及其整治策略 [M].科学出版社，2011:19.

[2] 朱丽华.农村"空心化"及其治理研究 [D].山东大学，2017.

立的住房，农民具备更新住宅的意愿和能力，被长期压制的农民住宅需求开始释放，农村建设用地规模不断增大。而建新的同时却很少有旧宅基地的"拆旧"和回收，造成了"空心房"的大量出现。

土地价值低下，占用机会成本小。村民在旧宅基地上建房时，由于大部分村庄没有地下排水设施，村内老房无法排涝，生活不便，而且原来的宅基地院落较小，原址翻建没有太大价值，只好另行选地建造。一是选择购买或调换邻里的宅基地，其新建住宅费用包括建筑费和购买邻里宅基地的费用；二是在耕地上建房，其成本包括建筑费及由于耕地非农化带来的耕地收益损失。由于现有的农村土地流转制度主要是农村土地归集体所有，农户只有承包经营权，没有所有权。土地不能自由转让，也没有自由使用权，导致土地价值消散或贬损。农民辛苦种地年的净收益微乎其微，耕地的边际生产力非常低，导致土地废弃、闲置的机会成本和在耕地上建房的成本过低。从两种选择的成本收益比较来看，人们很快有了在耕地上建房的偏好。而原来的旧宅则逐渐遭到废弃、闲置。

城乡收入差距大，农村劳动力大量进入城市。改革开发 40 多年来，我国农村和城市经济水平都得到极大的提高。但是由于改革开放之前我国长期的"以农促工"政策及城乡二元体制的建立，造成农业底子薄弱，发展较为缓慢。特别是 20 世纪 90 年代以来，随着家庭联产承包责任制等改革提高农业效率的潜力逐渐消失，农业生产效益逐渐降低、农民收益增加渐趋缓慢。与此同时，城市由于大量生产要素高度集聚，规模效应、聚集效应和扩散效应十分突出，催生、吸引了大批公司、企业，为大量的劳动力提供了就业机会，城乡、地域之间的收入差距不断拉大，诱使农村剩余人口大量向城市转移。在城乡二元社会体制尚未完全破解的情况下，进城打工的农民无法彻底融入城市转变为市民，故而视农村宅基地为重要保障，宁愿宅基地闲置、废弃，也不愿退出，造成了农村宅基地的大量闲置。

三、社会文化因素

人口迁移和流动造成农村宅基地长期和季节性闲置。农业产业结构的调整使农村大量剩余劳动力转移到城市从事非农产业。部分农民收入水平提高后在城市购买住房但仍保留原有农村住宅，造成了农村宅基地的长期闲置；还有部分农民只在逢年过节时回家居住，家中房屋利用率较低，造成农村宅基地"季节性闲置"。

主干家庭向核心家庭的变迁带来了建房高潮。家庭联产承包责任制以后，农村"主干"家庭向核心家庭的快速变迁，加剧了分家立户及其建房高潮的到来。随着住户规模的小型化，旧宅在遗产继承方面纠纷较多，产权关系复杂，给拆旧建新和宅基地的置换带来了许多难题甚至阻力。由于生活水平的提高，多数继承人现有的住房条件一般比其父辈的住房条件要好得多，继承来的房屋很少利用，大多都处于闲置状态，助长了农村"空心房"的形成。

落后的思想观念加剧了"空心房"的产生。大部分农民由于文化程度偏低、法制观念淡薄，大多认为宅基地属于个人私有，甚至都认为承包的耕地也是个人所有。对于土地所有权、使用权和流转权等问题的认识也十分欠缺。一些村民受传统观念的影响，认为"多一处宅基、多一份家业"；有些村民认为老房子是祖业，对其具有浓厚的历史情感与怀旧情节，再穷也不能拆祖屋，导致建新的同时无法拆旧；部分村民受"风水"等封建迷信的影响，怕"老"人在新房有霉气，新房建起后自己住新房，父母老人住老房子，对"空心房"的形成也起到了推动作用；此外一些农村存在的盲目攀比心理、特定的社会观念与文化习俗，如许多农民遵奉"树挪死，人挪活"的古训或听信风水先生"宅大进财，路宽出官"的吉言，纷纷舍弃老宅旧屋，向村外寻求"风水宝地"，建房谋发展，以满足摆阔的心理需求[1]。这些陈旧的思想观念都在客观上加剧了农村宅基地废弃化，推动了"空心房"的产生。

四、资源与环境因素

村庄的外部自然环境是农村"空心房"产生的重要影响因素。一些村子由于坐落在自然环境条件较差、地质灾害多发的地区，位置离中心城镇较为偏远，交通多有不便。一方面导致公共基础设施建设较差，缺乏生活必须的医疗卫生和教育资源，村民生产生活条件极为不便，急需改善居住环境；另一方面导致农业生产配套设施如农田水利设施、沟渠建设也相对落后，并且缺乏农业方面的专业技术人员，对于自然灾害也没有任何预警措施，一旦遭遇旱涝灾害、冰雹等自然灾害，农田减收、绝收是常

[1] 胡振华. 湖南省"空心村"治理研究 [D]. 湖南师范大学，2013.

24

有的事。农业产业发展状况欠佳，农户收入提高缓慢，对农民农业生产积极性产生很大程度上的影响。一旦条件允许，村民即搬离原居住地区进行住宅的新建，而原来的旧宅基地却逐渐闲置、废弃，产生了"空心房"现象。

宅基地的区位及其周边环境对"空心房"的产生也有很大影响。随着经济条件的改善和地理区位的变动，农村部分区域由于交通条件和基础设施的完善，其区位优势相对明显。一些居住点农民原有住房的位置相对显得偏僻，公共基础设施也显得落后，环境卫生较差，无法适应现代农业生产和生活的需求，再加上原有住房年限已长，舒适度和满意度下降，部分还存在安全隐患。一些有条件的农民开始搬往交通条件便利的公路两侧或环境优美、基础设施较为完善的区域建造新房，原有住宅逐渐闲置、废弃[1]。

五、各因素的相互影响与作用

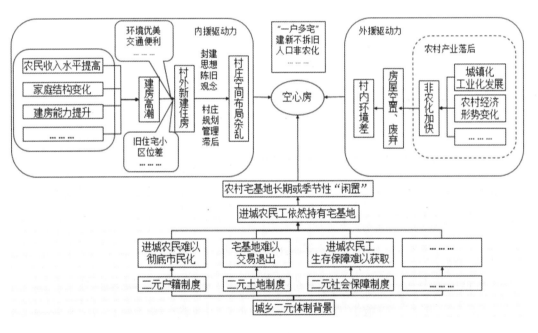

图 2-1　农村"空心房"形成机制图

总的来看，农村空心化受到自然、经济、社会、体制等多种因素的综合影响，

[1] 徐邹华. 农村宅基地闲置及其再利用 [D]. 湖南农业大学，2013.

其中最关键的是体制因素与经济因素。一方面长期实行的城乡二元体制，加剧了城乡之间的不平衡，诱使大量农村劳动力进入城市工作，但同时进城农民工又不能平等的享有城市的社会保障和公共服务，致使他们难以放下包袱，继续持有农村宅基地。另一方面随着经济的发展，农民收入水平不断提高，建房能力和需求不断提升，引发新一轮建房高潮。由于原村内环境较差，生活不便，村民新建住宅往往选择交通便利、环境优美的村庄外部，加之目前村庄普遍缺乏规划，宅基地审批不严格，造成了新建住房的混乱布局与乱占耕地现象突出，而农村普遍存在的封建思想、陈旧观念又使得大量村民建新的同时并不拆旧，"一户多宅"广泛存在，最终导致农村"空心房"的大量出现。

第三节 "空心房"整治的动力

农村"空心房"的大量存在，既影响了村容村貌，带来安全隐患，又浪费了土地资源，影响农村经济社会的进一步发展，危害巨大。对"空心房"进行综合整治，一方面可以节约集约利用农村土地资源，还可以有效改善村民的居住环境；是村庄自身发展的内在需求和国家乡村兴、美丽乡村建设等战略的有机结合。

一、"空心房"危害严重，推动整治

农村"空心房"占用大量土地，造成了土地资源的极大浪费。大多被抛荒的土地并没有一个很好的合理流转机制而被长期荒废，造成了农村良田耕地资源的严重浪费。同时，大多进城的农民都是举家外迁到城市生活，他们不仅抛荒了土地，更是让自己的老屋长期闲置，只有逢年过节才回家小住一段时间，但大多农村房屋是无人看管，任其闲置、废弃、破败坍塌。"空心房"所占土地既无人居住，又无法耕种，其散乱的分布又使得村庄无法进行统一规划，合理布局各种基础服务设施，造成农村土地利用率低下，加剧了农村宅基地供需矛盾，造成了土地资源的极大浪费。

无人居住、年久失修的"空心房"成为威胁农村安全的重要隐患。一是因为这些房子大多数是木质结构土坯房，存在火灾安全隐患，一旦发生火灾，会连成一片，后果将十分严重。二是大部分"空心房"都是危房，年久失修，破败不堪，如果遇到

强风或长期雨雪天气，随时会有坍塌的危险。

"空心房"的大量存在，严重影响了村容村貌。大部分"空心房"，农户不加管理和修缮，任其倒塌。不少村民将老房用于圈养禽畜。由于没有人清理，村内垃圾成堆、污水横流、杂草丛生、老鼠遍地、蝇蚊乱飞、粪便成堆。环境卫生"脏、乱、差"，严重影响了村民的居住环境和身心健康。

"空心房"的存在，影响了基础设施统一建设。由于规划不合理，很多村庄农民宅基地分布乱，再加上部分"空心房"的存在，更显得杂乱无章。村落分布面积过大，村庄外延拉得过长，增加了农村进行水、电等公用设施等基础设施统一建设的难度，阻碍了农村经济的进一步发展。进行农村"空心房"综合整治，合理规划村庄空间格局，统筹安排公共设施与基础设施建设，能够有效促进农村经济的发展。

二、"空心房"整治效益巨大，吸引整治

节约集约利用农村土地资源，提高土地利用效率。随着我国城镇化、工业化水平的不断提高，以及村镇建设发展的不断推进，现有土地开发整理的增地潜力已经十分有限，迫切需要寻求新的土地资源，提高土地的利用效率。农村"空心房"作为一种广泛存在的低效用地，日益受到社会各界的关注和重视。从现实情况来看，我国村庄数量众多，占地规模大。随着乡村人口非农化减少，农村居民点用地却因缺乏合理规划、居民随意自建宅基地等行为，导致长期以来维持"不减反增"的格局。所以科学推进农村"空心房"整治，具有腾退农村建设用地和增加耕地面积的巨大潜力，同时也有助于农业规模化经营和基地化生产，破解保护耕地与保障经济发展用地之间的内在矛盾[1]。

有效改善农村居民的居住环境。随着经济水平的提高、农民收入的增长以及日益提高的文化素质，村民对自己的居住环境也提出了更高的质量要求。长久居住在破败、脏乱、没有规划、没有建设、缺乏基础设施和没有公共服务的村庄内，对于村民尤其是一些长期在城市中工作生活的农村青壮年劳动力来说，会感觉各种不便，容易对村庄落后的生活环境产生不满，进而影响其居住的氛围和身心健康。开展"空心房"

[1] 刘彦随，等.中国乡村发展研究报告——农村"空心化"及其整治策略 [M].科学出版社，2011:166.

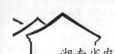

整治：一方面能够有效治理村庄内部一些严重影响村容村貌的破旧建筑，改善村民居住环境和卫生条件；另一方面也能对村庄空间布局进行合理的规划，节省农村基础设施和公共服务设施的建设成本。是符合村民对美好生活环境和居住条件的向往的利民工程。

增强村民法律意识和节约集约用地的意识。开展"空心房"整治，政府通过拆旧整治过程中广泛深入宣传相关法律、法规、政策和旧房老宅整治的重要意义，能够增强广大群众节约集约用地、保护耕地的意识，增加其对相关土地法律政策的理解，促使其转变守旧的思想观念，主动参与拆旧整治工作，逐步落实农村"一户一宅"等相关的农村土地制度。

三、国家战略布局和政策，要求整治

随着我国经济水平的提高，城乡关系的转变与体制改革的深入，"三农问题"日益受到重视和关注。从党的十六届三中全会提出的"统筹城乡发展"，到十六届五中全会提出的"建设社会主义新农村"，再到2013年中央1号文件明确提出"努力建设美丽乡村"的战略布局，再到党的十九大报告中提出的乡村振兴战略，无不表明党和政府对农村发展问题的深切关注。2018年中央一号文件也明确提出，"持续改善农村人居环境，强化新建农房规划管控，加强"空心村"服务管理和改造"。在这一系列战略指导之下，国家相继出台了多项政策方案，加强对农村土地的综合整治及其优化利用。

由此可见，现阶段国家相关政策法规已经对农村土地综合整治提出了明确的要求，已经具备了急迫的政策需求和坚实的法律基础。我国土地整治的主要对象就是农村闲置和低效的非农建设用地，尤其是大量农村"空心房"的存在，是目前亟需解决的问题。农村"空心房"的综合整治，是解决农村问题、村民关系和农村发展的重要动力，要以扎实推进乡村振兴、统筹城乡发展、坚守耕地红线、促内需保增长为重点，以绿水青山就是金山银山、山水林田湖是一个生命共同体等理念，按照"产业兴旺、生态宜居、乡风文明、治理有效、生活富裕"的总体要求，进行综合规划、设计、整治。切实提高对乡村土地资源和耕地资源的保护利用水平，改善农村环境和农村居民关系，促进农村社会经济的发展。

四、湖南省省委省政府高度重视，落实整治

为贯彻乡村振兴战略，2017年以来，湖南省以整治农村"空心房"为抓手，积极探索用地新机制，力促土地资源集约节约，城乡建设用地增减挂钩政策与脱贫攻坚、占补平衡、乡村振兴等政策打通，特别是允许贫困地区增减挂钩节余指标跨地区流转交易，充分释放了增减挂钩政策潜力，取得不错的效果。2018年9月19日，全省城乡建设用地增减挂钩暨农村"空心房"整治工作现场会在湘阴县召开。陈文浩副省长指出，增减挂钩有利于盘活土地资源，缓解经济发展用地指标的不足，有利于改善城乡人居环境，加快推进新农村建设和城镇化发展，有利于科学合理规划用地结构，能为高质量发展提供坚实保障。农村"空心房"整治工作多方受益，经验和做法值得全省借鉴和学习。

同时，2019年省委一号文件围绕"落实农业农村优先发展要求，做好'三农'工作"的主题，根据全面建成小康社会"三农"工作必须完成的硬任务，抓重点、补短板、强基础，对今明两年"三农"工作作出了全面部署。文件提出开展"一拆二改三清四化"行动，建立落实奖补激励政策，开展农村"空心房"整治，改厕、改圈，清理生活垃圾、沟渠塘坝、畜禽粪污等废弃物，统筹做好农村净化、绿化、美化、亮化等工作。启动实施"千村美丽、万村整治"工程，开展"一市十县百镇"全域推进美丽乡村创建。

由此可见，湖南省省委省政府对农村"空心房"整治工作的高度重视为进一步落实该项工作提供了基础与动力。从区域发展来看，农村"空心房"整治应与长江经济带生态优先绿色发展、洞庭湖生态环境治理等相结合，抓好沿长江、湘江、洞庭湖等区域环境治理，形成动力机制，推动高质量发展，不断焕发出巨大动能。从结合政策的角度来看，农村"空心房"整治工作应与集约节约利用土地、脱贫攻坚、农村人居环境整治等深度融合，发挥"空心房整治+"的效应，助推乡村振兴。

第四节　"空心房"整治的理论依据

一、系统理论

20世纪30年代，美籍奥地利生物学家冯·贝塔朗菲创立了一般系统论，1945年《关于一般系统论》的发表，成为系统论形成的标志。系统理论是通过系统与各个要素之间、要素与要素之间、系统与外部之间相互联系与相互作用中考察对象，遵循系统整体性与动态性发展的要求，为调控和改造系统提供最优方案，以达到系统整体优化的目的[1]。党的十九大报告首次提出实施乡村振兴战略，走城乡融合发展之路。城乡融合发展成为新形势下国家发展战略的重要组成部分。从系统论的角度看，城乡融合发展实质上是城乡社会、经济、文化等各方面相互关联、相互制约、相互作用的过程，各方面相互之间的关系错综复杂，最终要解决的不是某一局部领域的限制和障碍，而是要通过全面系统地推进各个领域的各项制度的深刻变革，最终形成城乡统筹的体制机制，为实现科学发展与和谐发展奠定体制基础，因此，亟需以系统的观点对其目标、结构、功能进行研究[2]。

城乡系统作为一个复杂的巨系统，城乡融合发展是系统需要实现的总体目标，其内部又涉及城乡规划、城乡管理、生产要素、城乡产业、公共服务、城乡生态等众多系统要素。"空心房"整治作为城乡融合发展的突破口，涉及包括人口、规划、土地、景观、生态、文化、管理、生产等诸多方面内容，是一项复杂的系统性工程，牵一发而动全身。既要注重综合提高，不能厚此薄彼，这就需要以系统理论来综合平衡城乡系统内部各要素，实现系统各部分的合理均衡。系统理论在"空心房"整治中通过将整个整治工作的各个要素进行总体协调，从整体和全局的角度对系统进行考察。在城乡系统这个大背景下，把工业与农业、城市与乡村、城镇居民与农村居民统筹谋划、综合治理，使得城乡规划、土地、生产、景观、生态、公共管理和服务等各个要素之间可以发挥出"1+1>2"的综合作用，推进城乡在产业结构的优势互补，加大农村基础设施建设，让农村居民也享受到改革开放带来的红利，使整个城市和农村经济社会全面协调可持续发展，实现乡村振兴，推进城乡融合发展。

二、"两山"理论

"两山"理论，即绿水青山就是金山银山理论，作为我国生态文明建设战略思

---

[1] 姜翠红，孙丹峰，周连第，李红. 小城镇土地综合整理效益评价指标体系研究 [J]. 安徽农业科学，2008(04):1535-1536+1546.

[2] 阎星，李霞，高洁. 基于系统理论的统筹城乡发展研究——以成都市为案例 [J]. 经济社会体制比较，2008(03):145-148.

想重要组成部分，深刻阐述了自然资源和生态环境生产力的属性，环境保护和发展两者的不可分割性 [1]。理论指出了建设生态文明，就是要以资源环境承载能力为基础，以自然规律为准则，以可持续发展、人与自然和谐相处为目标，建设生产发展、生活富裕、生态良好的文明社会。"两山"理论并非简单要求保护生态环境，而是要求在保护环境的基础上实现发展，将生态效益及经济效益相结合。"两山"理论的提出：一方面诠释了保护生态环境是一个地区提高发展竞争力的重要因素，指出了生态环境的重要性；另一方面诠释了生态产品是人民对美好生活需要的重要内容，指出了生态产品的发展潜力。

在乡村建设方面，"两山"理论主要涵盖了两个方面。首先是要推进美丽乡村的建设，其中包括几个内容：一是强化村庄规划的科学性与约束力，完善县域村庄规划；二是强化农村综合治理，加快农村危旧房改造以及环境集中连片整治；三是推进农业结构调整，大力发展农业循环经济，防治农业污染；四是在保护生态环境的前提下发展乡村旅游休闲业。而另一方面则是需要节约土地资源，加强土地利用的规划管控、市场调节、标准控制和考核监管，严格土地用途管制，同时推动农村用地改革，提高农村土地利用效率。

人类活动与自然生态环境息息相关。"两山"理论对于维持生态过程的连续性，实现安全和健康的人居环境，尤其在建立优化土地布局、恢复和重塑城乡景观生态系统等方面具有十分重要的意义，为"空心房"整治工作提供了新的思路：在开展"空心房"整治工作时，要在生态环境保护的基础上进行乡村治理，在治理过程中一方面要以保护环境为基础，尊重自然规律，完善村庄规划，协调好人地关系，不断改善生态环境质量；另一方面又要保证农村经济持续健康快速发展，结合危旧房改造、精准扶贫、农业供给侧改革等方面，进行乡村综合治理，提高农业土地集约利用水平，保障农民利益。

三、协同治理理论

协同治理理论是在自然科学范畴的协同理论和社会科学范畴的治理理论的基础

---

[1] 秦昌波，苏洁琼，王倩，万军，王金南．"绿水青山就是金山银山"理论实践政策机制研究 [J]．环境科学研究，2018，31(06):985-990.

上综合发展而来的，在西方已被广泛应用于政治学、经济学、管理学和社会学等诸多研究领域，成为一种重要而有益的分析框架和方法工具[1]。协同理论是指各组成部分相互之间合作要产生的集体效应或整体效应，它是以自组织原理为核心，强调系统内部子系统按照某种规则，自动形成一定结构和功能[2]。治理理论指的是在特定范围内行使权威。它隐含着一个政治进程，即在众多不同利益共同发挥作用的领域建立一致或取得认同，强调公共事务管理中多方参与合作，以便实施某项计划。随着社会发展日益复杂，公共事务与公共问题涉及越来越多方面的矛盾。如"空心房"问题已经单纯从人地矛盾逐渐发展为城市化速度滞后于非农化、土地收益低于村民需求，村庄规划落后于实际发展速度等多方面的矛盾问题。这些矛盾假若仅仅依靠政府解决，往往显得心有余而力不足。因此，协同治理理论作为公共事务治理的新策略、新机制，其价值和特性正不断得到凸显。

协同治理对于中国"空心房"整治是一种可行的理论模型。一方面，"空心房"整治涉及村庄规划、土地利用、基础设施、人口与产业等空间结构优化方面不同子系统的协调，需要自然科学的协同论作为指导；另一方面，"空心房"治理同时也是村庄的公共事务治理，是公共政策和共同规则的制定与执行的一部分，应该借助社会科学的治理理论进行整治。综合来看，"空心房"的协同治理体系架构应当包括四个部分：一是县乡政府、国土部门、村"两委"、理事会等相关治理主体，它们分别从指导、监督、协调、实行等不同方面协同发挥作用，共同发挥良好效能；二是协同治理策略，即在"空心房"治理中涉及的政策、项目、资金等方面要协同作用，发挥它们的叠加效益；三是村庄空间、基础设施、人口及产业的空心化等治理对象要进行协同整治，从根本上治理"空心房"；四是旧房拆迁、基础设施建设与新村规划等治理过程要协同推进，使得"空心房"整治效果可持续。

"空心房"的形成是经济、土地、观念等不同方面因素综合作用下的产物，"空心房"治理既是村庄空间结构的优化，又是公共事务的治理，是协同论和治理理论

[1] 卢志峰. 新型城镇化背景下"空心村"治理的路径选择研究 [D]. 安徽师范大学，2017.
[2] 庄贵阳，周伟铎，薄凡. 京津冀雾霾协同治理的理论基础与机制创新 [J]. 中国地质大学学报（社会科学版），2017，17(05):10-17.

共同作用的范围,两者共同形成"空心房"的协同治理理论。而协同治理理论的优势就是利用协同论与治理论共同作用,通过多元化主体协商、积极沟通来制定合理的规划方案、配套政策和资金、发动群众积极性,促进对"空心房"的整治的共同决策与实施。

四、产权理论

马克思的土地产权权能理论指出,土地产权是以土地作为财产客体的各种权利的总和,即土地的产权包括占有权、使用权、转让权、出租权、收益权、处分权和终极所有权等诸多权利束[1]。土地终极所有权是指土地终极所有权主体把土地当作他的意志支配领域而加以保持,排斥他人并得到社会公认的权利。同时马克思的土地产权结合与分离理论指出,所有的土地产权权能既可以由一个产权主体集中行使,也可以从中分离出一项或若干项权能进行独立运作。比如我国当前实行的农村土地集体所有基础之上的家庭联产承包经营责任制,即土地的所有权属于农村集体,而占有权和使用权属于农民,实现了土地所有权与占有权、使用权的分离,其产权权能的安排上是符合马克思的土地产权结合与分离理论的。

在土地流转方面,马克思认为土地流转实际上是土地经济价值的流转,这是市场经济的必然结果。同时在土地经济价值流转中,土地的权利是非常重要的。从经济学的角度看,土地作为一种生产要素,如果其转让权受到限制,其价值必然会受到贬损,从而导致土地本应产生的租值消散、价格下降。现代产权理论的奠基者科斯在《社会成本问题》中指出,制定合理的产权制度是资源进行优化配置的前提条件,也就是说,当产权的界定进行了明确后,交易成本将会降低,有利于最大程度地实现资源的最优化配置,同时通过权利的交易可以达到社会产值的最大化利用[2]。

然而我国现行的农村土地产权制度,规定农民仅享有基于所有权基础上的经营权和一定的转让权,对农村土地的转让权、抵押权等做出了很大的限制,同时也没有对农地的处分权及收益权做出明确的规定。这种现象造成农村土地权利束不完整,土

[1] 朱玉龙. 中国农村土地流转问题研究 [D]. 中国社会科学院研究生院,2017.
[2] 朱玉龙. 中国农村土地流转问题研究 [D]. 中国社会科学院研究生院,2017.

33

地产权关系复杂，土地产权权能缺失等问题[1]，从而导致了土地经济价值的得不到充分的体现，加上目前农民难以通过市场机制实现土地流转收益，集体土地收益过低，使得农民占用耕地而置老屋废弃不用的机会成本大为降低[2]，从而造成"空心房"的大规模出现。

因此，要从根本上解决"空心房"的问题，必须从土地产权理论入手。一方面完善农民对农地的产权权能，放活土地使用权等部分权能的流转，实现集体土地的经济价值；另一方面要理顺"空心房"整治过程中涉及到的宅基地产权关系，设计出合理的"空心房"整治后宅基地产权配置和调整方案，充分保障和实现相关农民合法的土地权益[3]，从而提高农民对于"空心房"整治的积极性与主动性。

五、博弈理论

博弈理论又称为对策论，发源于数学领域，是进行定量研究的重要方法之一，近年来被广泛地应用于社会学、政治学、经济学等多领域研究中[4]。博弈论研究的是在利益相互影响的情况下，各个利益决策主体所作出的决策选择，以及该决策对于其他主体作出决策影响的一种理论，是博弈方当面对一定的条件，依靠所掌握的信息，同时或先后、一次或多次从各自允许选择的行为或策略进行选择与实施，并从中取得相应结果或收益的过程[5]。博弈论有三个显著特点：一是强调个人理性条件，即个人对利益最大化的追求；二是动态分析，即某个决策受到前者决策影响的同时，也会对后者决策造成影响；三是博弈方之间信息的不完全性与不对称性。

"空心房"整治过程的补偿标准、补偿方式、土地价值变化等问题上存在着博弈关系，因此，"空心房"整治实际上是各参与主体之间一个利益博弈的过程。在整治过程中，各方均追求自身利益最大化，利益主体之间不断讨价还价，进行博弈。在

[1] 陈冬，洪名勇.我国农村土地产权制度的变迁分析及发展方向探究——基于马克思土地产权理论[J].国土资源科技管理，2014，31(01):103-109+114.
[2] 杨丹."空心村"形成机制与整治模式[D].湖南农业大学，2011.
[3] 张勇.农村宅基地退出补偿与激励机制研究[D].中国矿业大学，2016.
[4] 张勇.农村宅基地退出补偿与激励机制研究[D].中国矿业大学，2016.
[5] 阮松涛，吴克宁.城镇化进程中土地利用冲突及其缓解机制研究——基于非合作博弈的视角[J].中国人口·资源与环境，2013，23(S2):388-392.

"空心房"整治中，博弈参与主体主要是地方政府与农户。地方政府作为整治的实施者，其目标是实现农村土地资源集约利用，改善乡村环境，实现农村经济发展，并且通过"空心房"整治所获得的增减挂钩指标来保障城镇发展空间以及增加财政收入；而农户作为"空心房"整治主体，其关注点是能否获得合理的补偿安置，其自身利益是否遭到破坏[1]。随着中央出台的有关宅基地制度改革文件中强调了要充分保障和实现农民的宅基地用益物权，在部分地区的"空心房"整治过程中，农民的话语权以及谈判权通过不同方式得到了加强。因此，运用博弈理论分析利益相关主体在"空心房"整治过程中的博弈行为，能有助于深刻剖析农户参与整治过程中的决策状态，从而为构建"空心房"整治过程的激励机制提供理论依据。

六、生命周期理论

生命周期的概念源自于生物学，最初是指具有生命现象的有机体从出生、成长到成熟、衰老直到死亡的整个过程。随着社会的发展和学科间的彼此融合，生命周期概念被逐渐引入经济、管理、社会组织和环境等领域，并衍生出了一系列基于生命周期思想的理论和研究方法。农村聚落演进受不同区域、不同阶段的生产要素流动与外部环境差异的深刻影响。一个完整的农村"空心化"过程，通常经历出现期、成长期、兴盛期、稳定期和衰退转型期等阶段，因内外部因素的作用，不同时期长短不一，还可能出现一些起伏[2]。

1. 出现期

我国经济体制的改革促进了农村经济的快速发展，部分先富裕起来的农民具备更新住宅的愿望和能力，而旧宅基地固有的缺陷促使这些农户纷纷向村外投资建房，农村"空心化"现象开始出现。这一时期的"空心村"主要是由农村的内部因素变化所引起的，且富裕农户数目较少，村庄"空心化"趋势发展变化缓慢。

2. 成长期

二十世纪八十年代中后期以来，市场经济发展促进了农村产业结构优化和农民

[1] 关江华，黄朝禧. 农村宅基地流转利益主体博弈研究 [J]. 华中农业大学学报（社会科学版），2013(03):30-35.
[2] 刘彦随，等. 中国乡村发展研究报告——农村"空心化"及其整治策略 [M]. 科学出版社，2011:27.

收入水平的提高。此时由于两次生育高峰人群开始成家立户，家庭结构由"主干"家庭向"核心"家庭变迁。这个时期大量的村民开始在村庄的外围兴建新住宅，村庄的规模开始扩展。但是新房子主要是由"核心"家庭的慢慢增多而引起的，村内空置、废弃的宅基地并不多。

3. 兴盛期

进入二十一世纪，以短期流动方式为主的农村劳动力非农化转移加快，造成宅基地"季节性的闲置"。而现行农村土地制度禁止农村房屋的自由交易，农村劳动力的非农就业转移并没有带来农村居住用地的流转和置换，导致农村宅基地的长期闲置，并使村庄形态呈现出明显的新旧农宅"导购"特征，促进了农村"空心化"。

4. 稳定期

由于农村改革发展、土地制度与政策创新等，农村外援驱动力引致农村"空心化"趋势。同时，村庄内空间环境因为部分农户迁出而变得相对宽松，加之政府加强了对村庄住宅用地的监管，村庄在向外扩张的同时转为向内涵发展，村庄"空心化"进入稳定时期。

5. 衰退转型期

因为基础设施的完善，村庄内部居民的居住条件得到很大的改善，村庄向心力增强，内部房屋的更新率提高，并且严格的耕地保护政策和宅基地管理政策在一定程度上限制了村庄拓展建房占地，使得村庄的建设结构和规划出现了相对的稳定。

在我国城乡发展转型时期，农村"空心化"呈现加剧发展的趋势，浪费了大量土地资源，并引发了一系列的社会、环境问题。基于地理学视角，准确评判农村"空心化"的生命周期并合理划分其演进阶段，深入剖析各阶段的典型特征和农村"空心化"演进的主要因素，有助于深入解释农村"空心化"现象以及优化调控"空心村"。比如对于出现期和成长期的村庄，条件好的要加强村庄规划和宅基地管理，避免村庄"空心化"程度进一步加剧，条件较差的则可以因地制宜地开展迁村并居、异地新建工作；对于兴盛期、稳定期的"空心村"，要加快其改造进程，推进小型专业农户居民点和大型居民点建设；对于衰退转型期的"空心村"，政府只需引导即可实现村庄改造，促进农村资源的合理配置。

第二篇
农村"空心房"整治实践

第三章
湖南省农村"空心化"评价与格局

湖南省东、南、西三面环山，中部山丘隆起，呈朝北开口的不对称马蹄形盆地，地貌以江南丘岗为主。"空心房"整治首先要全面了解湖南省农村"空心房"现状、分布和格局，才能有效解决目前"空心房"整治过程中存在的各种问题，因地制宜分区域实行差异化的整治策略，进而有效改善人居环境。本章试图从土地、人口、经济等多个维度出发，构建湖南省县域尺度农村空心化的定量评价指标体系，以来分析湖南省农村"空心化"特征。

第一节　湖南省区域概况

一、地理位置

湖南省幅员辽阔，地处东经108°47′~114°15′，北纬24°39′~30°08′，湖南位于长江中游、洞庭湖以南，是我国东南腹地。东以幕阜、武功诸山与江西交界，南枕南岭与广东、广西为邻，西以云贵高原东缘与贵州、重庆毗邻，北以滨湖平原与湖北接壤，处于东部沿海地区和中西部地区的过渡带、长江开放经济带和沿海开放经济带的结合部，具有承东启西、连南接北的枢纽地位。全省东西直线距离宽667公里，南北直线距离长774公里，土地面积21.18万平方公里，占全国国土面积的2.2%，在各省市区面积中居第10位，中部第1位。全省辖13个市1个自治州、122个县（市、区），乡镇总数为1536个。在幅员辽阔的三湘大地上，生活着汉、土家、苗、侗、回等56个民族7090万湖湘儿女。

二、自然条件

38

湖南地处云贵高原向江南丘陵和南岭山脉向江汉平原过渡的地带。在全国总地势、地貌轮廓中，属自西向东呈梯级降低的云贵高原东延部分和东南山丘转折线南端。湖南省地貌类型多样，以山地、丘陵为主，大体上是"七山二水一分田"，山地面积占全省总面积的51.2%，丘陵及岗地占29.3%，平原占13.1%，水面占6.4%，总体来看，湖南省的地貌轮廓是东、南、西三面环山，中部丘岗起伏，北部湖盆平原展开，沃野千里，形成了朝东北开口的不对称马蹄形地形。省内河网密布，水系发达，淡水面积达1.35万平方公里。湘北有洞庭湖，为全国第二大淡水湖。有湘江、资水、沅水和澧水等4大水系，分别从西南向东北流入洞庭湖，经城陵矶注入长江，全省天然水资源总量为南方九省之冠。

湖南属亚热带季风湿润气候，光热充足，雨量丰沛。年平均气温16~18℃，年平均降水量1200~1800毫米，具有"气候湿润、四季分明，热量充足、雨量集中，春温多变、夏秋多旱，严寒期短、暑热期长"的特点。

全省土壤分为地带性土壤和非地带性土壤。大致以武陵源雪峰山东麓一线划界，此线以东红壤为主，以西黄壤为主。非地带性土壤主要有潮土、水稻土、石灰土和紫色土等。红壤是全省的主要土壤，面积约占全省土地总面积的36.3%，养分缺乏，肥力较低。黄壤面积占全省土地总面积的15.4%，主要分布于雪峰山、南岭山区。土壤呈酸性反应，自然肥力比红壤高。潮土(优良旱土)只占全省土地总面积的2.5%。水稻土是湖南省的主要农用土壤，占全省土地总面积的19%。水稻土和潮土分布于洞庭湖地区和湘、资、沅、澧四水流域沿岸，适宜发展水稻、棉花、麻类、油菜等农作物。

湖南属亚热带常绿阔叶林带，植被丰茂，四季常青。2017年，全省有林地面积1.65亿亩，森林覆盖率为59.57%。湖南生物资源丰富多样，是全国乃至世界珍贵的生物基因库之一，有华南虎、云豹、白鹤等18种国家一级保护动物，有种子植物约5000种，数量居全国第7位。湖南矿产丰富，矿种齐全，是驰名中外的"有色金属之乡"和"非金属矿之乡"。2017年，全省已发现矿种144种，探明资源储量矿种109种。

湖南山川秀丽，名胜古迹众多，自古便有"芙蓉国"的美誉，是我国风景名胜资源多的省份之一，也是海内外闻名的旅游胜地。目前，全省已发现文物景点2万多处，旅游资源极其丰富。全省有武陵源风景区、洞庭湖、岳阳楼、岳麓书院、橘子洲

头、爱晚亭、桃花源、南岳衡山等一大批闻名中外的旅游区。

三、经济社会条件

新中国成立以来，特别是党的十一届三中全会以来，湖南人民同心协力，开拓进取，全省经济建设不断发展、社会事业突飞猛进、综合实力显著增强、人民生活水平稳步提高。湖南位于长江中游，处于东部沿海地区和中西部地区的过渡带、长江开放经济带和沿海开放经济带的结合部，具有承东启西、连南接北的枢纽地位。近年来，湖南省先后以"泛珠江三角洲""中部崛起""一带一部"等国家战略为契机，充分利用自身地理位置的有利条件，以长江经济带为轴线，通过东、中、西互动，发挥南方十字路口的区位优势，借助外力，加速自身发展。如今，全省以建设"长江经济带""长株潭城市群""洞庭湖生态经济区""大湘西""湘南"等区域发展战略为导向，大力推进社会经济的发展，经济实力迈上新台阶。2017年全省地区生产总值34590.6亿元，其中，第一产业增加值3690.0亿元，第二产业增加值14145.5亿元，第三产业增加值16755.1亿元。固定资产投资31328.1亿元，社会消费品零售总额14854.9亿元，财政收入4565.7亿元，全省农村居民人均可支配收入12936元，城镇居民人均可支配收入33948元。省域经济实力稳居全国前列，经济社会呈现又好又快发展的良好势头。

1. 湖南省一二三产业发展状况

湖南物产富饶，自古就有"鱼米之乡"和"湖广熟、天下足"之说，是全国重要的粮食生产基地，2017年，全年粮食种植面积4862.4千公顷，粮食产量2984.0万吨。主要农副产品产量如粮食、棉花、油料、苎麻、烤烟以及猪肉等均位居全国前列，此外湖南还是全国重要的油菜、油桐、茶叶、柑橘产区。湖南省工业门类齐全，有机械、轻工、食品、电子信息、石化、有色、冶金、建材、电力等诸多门类，其中有色冶金工业在全国占重要地位。具有三一重工、中联重科、华菱钢铁、湘潭电机等一批全国知名企业。2017年，全省全部工业增加值11875.9亿元。不仅传统工业产品如醴陵瓷器、长沙湘绣、浏阳花炮、邵阳竹雕、益阳竹器等在国内外享有声誉，而且现代工业部门如株洲机车、湘潭电机、衡阳机械等也位居国内前列。第三产业发展较快，广播影视、动漫卡通、文化创意、出版、旅游等产业迅速崛起，特别是广电、出版等优势产业在全国保持领先地位，广电湘军、出版湘军、动漫湘军全国驰名。

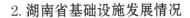

2. 湖南省基础设施发展情况

湖南基础设施日趋完善，形成了以长沙为中心，沟通省内外，辐射 14 个市、州的交通、通信、电力网络。全省交通便利，已形成水、陆、空立体交通运输体系。京广、湘黔、湘桂、枝柳、浙赣、石长等 6 条铁路干线横跨东西，贯穿南北。短短几年高速公路里程 5653 公里，全省 14 个市州全部通了高速。长沙黄花国际机场、张家界荷花机场、常德和怀化芷江机场与国内各主要城市相连，并开通了直达香港、曼谷、汉城等地的国际直达航班。城陵矶两个 5000 吨级的内河外运码头，可以通江达海。全省通信事业跨入了全国先进行列，所有乡镇都开通了程控电话。

四、土地利用现状

1. 土地利用结构

2016 年全省土地总规模 2118.36 万公顷。其中：农用地共 1864.88 万公顷，占土地总量的 88.03%；建设用地 162.86 万公顷，占土地总量的 7.69%；未利用地 90.62 万公顷，占土地总量的 4.28%。

表 3-1 2016 年湖南省三大地类结构

地类	农用地	建设用地	未利用地
面积（万公顷）	1864.88	162.86	90.62
比重（%）	88.03%	7.69%	4.28%

2. 土地利用特点

土地利用率高。湖南省自然条件优越，农业起源较早，土地开发历史悠久，自古就有"湖广熟，天下足"之谓。经过历代劳动人民的不断开垦与辛勤耕耘，土地利用率达到一个较高的水平。2016 年末，全省已开发利用土地 2027.74 万公顷，土地利用率为 95.72%，其中，农业利用率 88.03%，垦殖指数 19.60%，全年实现播种面积 8793.28 万公顷，耕地复种指数达 211.75%，普遍高于全国水平。高度的农业土地利用率为湖南省成为全国重要的粮食生产基地奠定了重要基础。

地域差异明显。由于省内地貌、土壤、水热条件和经济发展水平不同，导致土地利用地域差异明显。耕地集中分布在湘北洞庭湖平原和湘中丘陵盆地区；林地主要分布在湘西、湘南山地和丘陵区；城镇建设用地和交通用地主要分布在湘东、湘北和

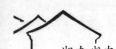

湘中等经济较发达地区，其中长株潭城市群所占比重最大；未利用地集中分布在湘西和湘南地区。总体来看全省滨湖平原、河流沿岸冲积平原及平原区周缘丘岗地，土地资源开发利用程度和水平较高；边远山地、丘陵区域土地资源开发利用水平则较低。

土地利用类型多样，以农用地为主。湖南省地貌类型多样，以山地、丘陵为主，大体上呈"七山一水两分田"格局。土地利用类型多样，以农用地为主，其中林地、耕地共占全省土地总面积的77.26%，是主要土地利用类型。林地分布相对集中，其他地类均呈广泛分布形态。

城乡建设用地布局分散。受地形地貌影响，城乡建设用地布局分散，交通用地网络尚不完备。2017年湖南省城镇化率54.62%，比全国低4.20%。长株潭地区城镇布局相对集中，其他各地城镇布局分散，每万平方千米的城市数量仅为1.85个。受复杂地形和耕作条件制约，全省农村居民点星罗棋布，在众多的山地丘陵中，农村建设用地并未集中连片分布，而是依地形一个山头一个村庄，建设用地分布琐碎。

3. 土地利用存在的主要问题

土地后备资源不足，供需矛盾尖锐。由于全省土地开发利用程度较高，仅剩90.62万公顷的未利用土地资源，其中还有许多土地并不适宜进行土地开发利用，其土地储备资源明显不足以保障未来湖南省经济发展对于土地的需求量。加之湖南省人口众多，2016年湖南全省人口达7318.81万人，从人均来看，土地仅0.2894hm²/人，耕地则为0.0567hm²/人，均低于全国平均水平，人地矛盾突出。由于土地资源的稀缺性、位置的固定性，各行各业对土地需求的刚性，客观上带来了非农建设与农业争地，城镇内部生产和生活争地等争地现象。随着全省社会经济的快速发展，基础设施建设规模的扩大以及城市化进程的加快，各行各业的发展和各方面需求的增长，新增建设用地需求量将更大，会进一步加剧土地供需矛盾。

利用结构不合理，协调程度低。2016年全省农业产值中，占土地总面积19.60%的耕地的种植业产值占53.52%，而分别占全省土地面积57.65%和7.14%的林地和水域，其林业产值和渔业产值仅占5.29%和6.52%，由此可以看出湖南省农业产业结构与土地利用结构协调程度较低，大面积的林地和水域没有得到充分合理利用，农用地整体效率还有很大潜力可挖。

　　耕地保护压力大，占补平衡压力大。21世纪最初几年，伴随着城镇化的快速推进和基础设施的大规模建设，湖南省耕地面积一直呈下降趋势。后来随着中央出台的一系列保护耕地的措施，湖南省耕地面积在2006年之后基本维持稳定，略有增长，到了2009年之后有了明显的增长（见图3-1）。尽管到2016年湖南省耕地规模较2009年时增加了35.81万公顷，但耕地保护和占补平衡压力大的实际情况并没有改变（见表3-2），尤其是2012年以来，随着城乡土地增减挂钩政策红利逐渐用尽，每年新增的耕地勉强能够弥补建设占用的耕地，耕地总面积增长又趋于停滞。全省共有耕地后备资源23.67万公顷，受投资规模与开发条件限制，"十三五"期间开发的耕地后备资源约为4.54万公顷，共可补充耕地3.18万公顷，基本以开发出旱地为主。"十三五"期间，全省各类建设用地约占用耕地5.00万公顷，其中水田约为2.24万公顷，耕地占补平衡压力大，尤其是水田占补平衡压力较大。

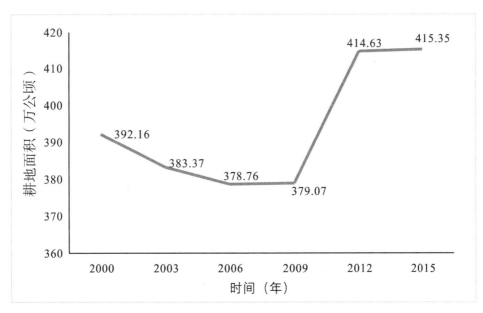

注：数据来源《湖南省统计年鉴（2006—2017）》

图3-1　湖南省2000—2015年耕地面积变化情况

表 3-2　湖南省 2000—2015 年年耕地面积年内增减变化情况

单位：千公顷

年份	2000 年	2003 年	2006 年	2009 年	2012 年	2015 年
年内增加	6.85	7.30	10.45	8.76	15.37	8.12
年内减少	11.77	64.56	38.84	7.45	7.17	3.17
合计	−4.92	−57.26	−28.39	1.31	8.2	4.95

注：数据来源《湖南省统计年鉴（2006—2017）》

　　土地利用效率不高，转变土地利用方式任重道远。全省土地利用粗放、闲置、浪费等"低效"特征普遍存在，利用效率不高。近年来随着湖南省城镇化进程显著加快，各行各业的发展都对土地提出刚性需求，形成各行业、各区域土地利用目标的多元化，增加了调整和优化各行业、区域土地利用结构与布局的难度，统筹协调行业、区域土地利用的工作进展缓慢，城镇土地利用比较粗放，乱占耕地的现象比比皆是。城市边缘区土地利用集约化程度也比较低，主要表现是容积率低、优地劣用、功能布局不够合理等。2014 年末，单位建设用地二三产业产值为 149.72 万元／公顷，仍落后于全国平均水平，土地利用综合效益较差。同时，农村低效利用的土地广泛存在，按户籍人口计算人均农村居民点用地面积 180 平方米，人均居住面积超过 60 平方米，农村布局分散，"空心房""空心村"现象较多。农用地利用相对粗放，抛荒现象时有发生。节约集约用地任重道远。

　　土地生态和灾害问题较重，保护土地生态环境面临压力。随着工业化、城镇化进程的加快，湖南省土地污染日益严重，土地生态环境保护压力巨大。城镇"三废"污染源增多，而污染物的处理率低下，加上农药、化肥、农膜的不合理使用，耕地污染越来越严重。土地质量的下降和生态环境的恶化降低了土地的生产力，又促使农民加大对农药、化肥、农膜的使用，而对其不合理的使用又加快了耕地污染，从而形成恶性循环，对土地的生态安全构成了极大威胁。此外，湖南省由于自身的自然条件因素，"四水"中下游和洞庭湖区易发生洪涝灾害，山区易发生滑坡、崩塌、泥石流等自然灾害。仅 2016 年，湖南省因自然灾害造成的经济损失达 265.62 亿元，其中水灾造成的经济损失就达 256.44 亿元，占 96.54%，因自然灾害倒塌房屋 41584 间，损坏

291013 间，因灾缺粮人口 420.50 万人，给人民群众的生命财产造成了严重的损害。"四水"流域特别是湘江流域是湖南省经济较为发达地区，工业水平较高，但是工业废弃物大多只是经过低效的处理便直接排放，严重破坏了湘江流域的生态环境。湘南、湘西山地地区由于耕地资源较少，为了开拓可耕种土地资源，增加农业收入，农民毁林开荒现象较多，不仅破坏了山地地区脆弱的生态环境，而且加重了湖南省内的水土流失。总体来看，湖南省土地生态和灾害问题较重，保护土地生态环境压力重大。

第二节　湖南省农村"空心房"概况

一、湖南省农村"空心房"现状及特征

为了分析湖南省农村"空心房"的现状特征，采用遥感的手段来提取相关信息。鉴于目前国内外学者有利用遥感数据来识别城市中的"鬼城"或者城市住房空置情况，主要用到的数据有夜间灯光数据、人口空间分布数据、土地利用类型数据（用于提取建成区）等，通过对这些遥感数据进行指标化，综合出"鬼城"指数。

农村"空心房"的遥感监测与其相似，但又有区别。相似在于都是为了提取缺少人类活动的建设用地。区别在于：其一，农村居民点在遥感影像上比较离散，并不像城市一样成块分布。其二，整体上看，农村"空心房"往往植被覆盖较多，与新建住宅相比，路面也往往被泥土覆盖，而后者则基本上是水泥等硬化路面。针对这种情况，这里将植被指数和地表温度也加入空心房指数的计算。

1. 数据说明

为构建农村"空心房"指数，本文用到的数据包括：NPP–VIIRS 夜间灯光数据和 MODIS 植被指数、地表温度产品数据，中国人口空间分布公里网格数据集，以及湖南省土地利用现状遥感监测数据[1]。

NPP–VIIRS 夜间灯光数据[2]。选择无云合成的月度产品，时间 2016 年，其中

---

[1] 湖南省土地利用现状遥感监测数据来自中国科学院资源环境科学数据中心.

[2] https://www.ngdc.noaa.gov/ eog/download.html.

75N060E 可覆盖湖南省，选择排除了受杂散光影响数据后，包含辐亮度值和无云时观察数。下载的夜光数据带有 WGS84 坐标系，为其加上 Albers 投影。

地表温度和植被指数。地表温度数据从 NASA 官网[1]下载 2016 年 8 天合成地表温度产品，空间分辨率 1 公里，过境时间是上午 10:30 和晚上 10:30。植被指数选取 Terra 卫星 2016 年 1 公里的 16 天合成的植被指数产品（来源于 NASA 官网）。下载工具使用火狐浏览器安装的 IDW 插件。地表温度和植被指数的处理过程包括：

（1）MRT 工具的批量拼接和重投影，接着是同夜间灯光数据一样的，snap 栅格，并在 ENVI 中裁剪出湖南省范围；

（2）8 天地表温度和 16 天植被指数用最大值合成法合成月数据；

（3）空值处理，植被指数合成后空值不多，取 3×3 邻域内均值填充；地表温度按月合成后仍有大量空值，对其做插值处理，用克里金插值结果将其填充。

2. 农村"空心房"指数构建

农村"空心房"指数构建就是综合人口分布数据、夜间灯光数据、地表温度和植被指数的过程。根据前人研究，人口分布数据和夜间灯光数据常被用于表示监测与人类活动有关的信息，地表温度和植被指数因乡村背景也被加入进来，但这仍需论证。

荒芜和一般的农村居民点在植被指数和地表温度上有明显的差异，是地表温度和植被指数能用于指数构建的基础。为了接近这种状态的农村居民点，将"农村居民点＋草地＋疏林地"作为模拟的农村"空心房"像元。而原有的农村居民点仍有相当一定数量存在人类活动的农村房屋，所以将模拟的农村"空心房"直接与原有的农村居民点进行对比。如图 3-2 所示，模拟的农村"空心房"与原有农村居民点的昼夜平均地表温度和植被指数有明显的分段性差异。因而用地表温度和植被指数有利于提取农村"空心房"。

地物特征差异是地表温度和植被指数能参与计算农村"空心房"指数的前提，但其作用的大小仍是地表温度和植被指数反映人类活动的能力。具体而言，可以通过建立昼夜平均地表温度 (LSTAVG)、植被指数 (NDVI)、夜间灯光数据 (LIGHT)、人口分

---

[1] https://modis.gsfc.nasa.gov/

布数据 (POP) 之间的相关性来反映。

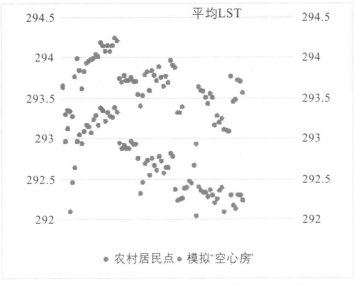

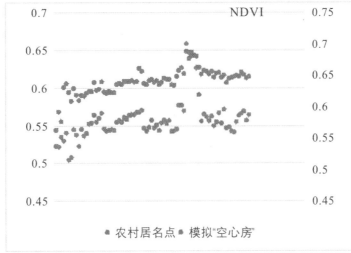

图 3-2 农村居民点和模拟"空心房"的地表温度和植被指数的对比

表 3-3　指标间的相关性

指标	NDVI	LSTAVG	LIGHT	POP
NDVI	1			
LSTAVG	−0.389	1		
LIGHT	−0.468	0.297	1	
POP	−0.348	0.184	0.559	1

从表 3-3 可以看出，夜间灯光数据和人口数据具有较好的相关性，达到 0.559，这也说明夜间灯光反映人类活动具有较好的能力。其次植被指数与人口数据和夜间灯光数据的相关系数分别为 -0.348 和 -0.468，说明植被指数有一定反映农村人类活动的能力。地表温度与人口数据的相关系数只有 0.184，与夜间灯光数据的也相对较低，为 0.297，说明地表温度能反映小部分的农村人类活动情况。综上，利用夜间灯光数据、人口空间数据、植被指数、昼夜平均地表温度四种指标来建立农村"空心房"指数，且根据表 3-3 各指标间的相关性，分配其相应的权重。公式（1）~（4）对四种指标进行归一化，公式（5）按照其与人口数据的相关系数分配权重，并导出农村"空心房"指数 (CERI)。

$$NI = 1 - \frac{LIGHT - MIN(LIGHT)}{(MAX(LIGHT) - MIN(LIGHT))} \tag{1}$$

$$TI = 1 - \frac{LSTAVG - MIN(LSTAVG)}{(MAX(LSTAVG) - MIN(LSTAVG))} \tag{2}$$

$$VI = \frac{NDVI - MIN(NDVI)}{(MAX(NDVI) - MIN(NDVI))} \tag{3}$$

$$PI = \frac{POP - MIN(POP)}{(MAX(POP) - MIN(POP))} \tag{4}$$

$$CERI = NI * 0.4 + PI * 0.4 + VI * 0.1 + TI * 0.1 \tag{5}$$

通过试验发现，地表温度使结果产生明显的南北差异，主要由于纬度跨度太大，造成湖南省北部地区因地表温度低而产生"空心房"指数高估的现象，因此排除地表温度的影响，将"空心房"指数量化改进为公式（6），CERI 值低表示其农村"空心房"程度高。

$$CERI = NI * 0.5 + PI * 0.4 + VI * 0.1 \tag{6}$$

考虑到由于最小农村居民点同时也是最小人口的地理单元，量化单位面积人口具有一定的难度。因此在计算县级农村"空心房"指数时，不直接量化各农村居民点的"空心房"指数，而是先将其合并到县域，使人口数据具有一个量化的空间基础，而不会受到单个农村居民点发展程度不同而产生的误差。事实上，试验表明以农村居民点为基础地理单元来量化"空心房"，计算结果明显受到农村发展情况和地理位置的不良干扰，主要表现为贫困和地形等因素导致的低人口聚集，反而造成了农村"空心房"的高估。所以，本文将湖南省农村居民点的夜间灯光、人口分布和植被指数依照一定算法合并到县。夜间灯光数据需要筛选出正的辐射值，6624 个农村居民点中有 6152 个夜间灯光像元符合条件。根据前人研究，夜间灯光取其均值与最大值之比，人口分布取单位面积上的人口，植被指数取均值即可。

3. 湖南省农村"空心房"特征

由于 CERI 低值代表高程度的农村"空心房"，为了便于分析，对得到的 CERI 做自然间断裂法分类，分成六类，CERI 值高代表"空心房"程度低，CERI 值低代表"空心房"程度高，图 3-4 显示空心房程度的高低分布情况。

湖南省农村"空心房"整体上中部低，大湘西和湘南地区高。全省农村"空心房"程度极高的有 10 个县，占 9.5%，其 CERI 指数明显低于其他类别，两个低 CERI 聚集区分别位于郴州市和怀化市，以及益阳市的安化县和长沙市的浏阳县；有 35 个县属于"空心房"程度高的区域，占全省比重 28.6%，主要分布在邵阳、怀化、湘西等市；"空心房"程度较高的有 27 个县，分布在湖南省中部地区以及岳阳市和张家界市。综上可知，湖南省大部分地区的"空心房"都要高于一般水平，按较高及以上程度统计，全省有 72 个县，占比约 68.6%。总体上看虽然西部的"空心房"程度要高于中部，但并不意味着低 CERI 的县就经济一定不太发达。

湖南省各市农村"空心房"极高程度的数量怀化市最多，而比重永州市最大。对每个农村居民点计算 CERI 指数，CERI 低则代表"空心房"程度高，据此统计各市的农村"空心房"不同程度的分布情况，如图 3-5。怀化市有 216 个农村居民点属于极高程度"空心房"，为全省之最，其次是永州市，仍有 163 个农村居民点程度极高，这两个市在数量上明显高于其他市（州）。怀化市、郴州市和邵阳市的农村"空心房"较高及以上程度（表 3-4）的农村居民点数量。而从相应范围的数量占各自市的百分比（表 3-5）来看，永州市、益阳市和邵阳市排行靠前。综合两个表可知，邵阳市和湘西土家族苗族自治州在较高程度的"空心房"上分布的数量和占的比重都比较高。

表 3-4 湖南省各市（州）农村"空心房"较高程度以上数量排行

市（州）	农村居民点数量
怀化市	3181
郴州市	2708
邵阳市	2364
湘西土家族苗族自治州	2010
永州市	1956
衡阳市	1814
常德市	1569
岳阳市	1186
益阳市	1137
株洲市	1131
娄底市	991
长沙市	958
湘潭市	852
张家界市	557

表 3-5 湖南省各市（州）农村"空心房"较高程度以上占比排行

市（州）	农村居民点数量
永州市	86.9
益阳市	82.4
邵阳市	80.7
湘西土家族苗族自治州	74.3
常德市	70.5
岳阳市	69.8
衡阳市	65.0
娄底市	64.1
郴州市	62.8
株洲市	62.1
张家界市	61.8
怀化市	61.4
湘潭市	60.9
长沙市	55.6

二、湖南省农村"空心房"的形成原因

1. 自然原因

高程和坡度越高，农村"空心房"程度也越高。高程和坡度与 CERI 呈微弱的负相关，这说明高程和坡度越高，CERI 处于减弱的趋势，相应地，其"空心房"就处于增强的趋势。也就是说位于高程较高、坡度较陡的地方，相对而言农村"空心房"

现象更为突出。

东北坡"空心房"程度最高,南坡程度最低。不同坡向(表3-6)对农村"空心房"的形成有一定影响。可以看出,东、东北、西、西北的坡向上的CERI指数明显低于其他坡向,"空心房"程度更高,CERI指数最高的是向南坡向,其"空心房"程度最高,而东北坡向上的CERI指数最低,即农村"空心房"现象最突出。

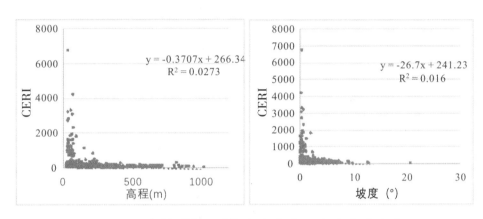

图3-3　农村"空心房"指数与高程和坡度的关系

小起伏山程度"空心房"最高,平原最低。不同地貌下CERI(图3-4)的分异特征表明,平原和台地对农村"空心房"的形成影响相对较弱,其CERI指数明显高于其他地貌,对"空心房"产生的影响较小,而小起伏山上的"空心房"程度最高。然而,随着海拔的上升,CERI指数反而升高,"空心房"程度反而降低,出现随地貌复杂度上升,农村"空心房"程度先升后降的现象。地貌到达一定复杂程度,农民非农化转移的可能性反而降低了。

表3-6　不同坡向的农村"空心房"指数

坡向	CERI
平原	182.7
北	180.7
东北	173.3
东	210.2
东南	204.3
南	284.3
西南	225.4
西	212.6
西北	187.8
北	275.5

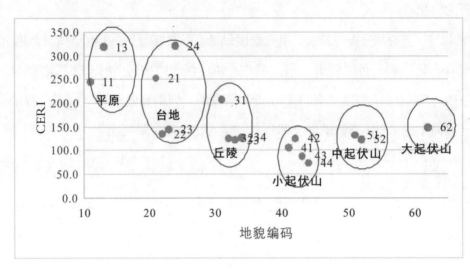

图 3-4 不同地貌的农村"空心房"指数

2. 经济原因

农村经济水平越低的地方,农村"空心房"程度越高。从统计年鉴中提取出与农村农业相关的经济指标,与县级 CERI 值进行对比,如图 3-5。图上可知,全县的地区生产总值(GDP)与 CERI 呈显著正相关,其相关系数高达 0.8,说明 GDP 值越高,该县的农村"空心房"程度越低。其次,农村人均可支配收入也与 CERI 有着较高的正相关关系,相关系数为 0.5,收入越高,"空心房"程度越低。农业机械总动力、农业产值和农产品产量与 CERI 指数也呈正相关,0.4、0.3 和 0.3。所选的八项指标中,只有第一产业占比与 CERI 表现为微弱的负相关,即第一产业占比越高,农村"空心房"程度也就越高。综上可知,农村经济水平越高的地方,农村"空心房"程度反而越低,而经济水平越低,农业比重越高,反而使得农民更想进城。

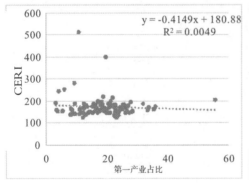

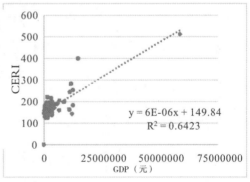

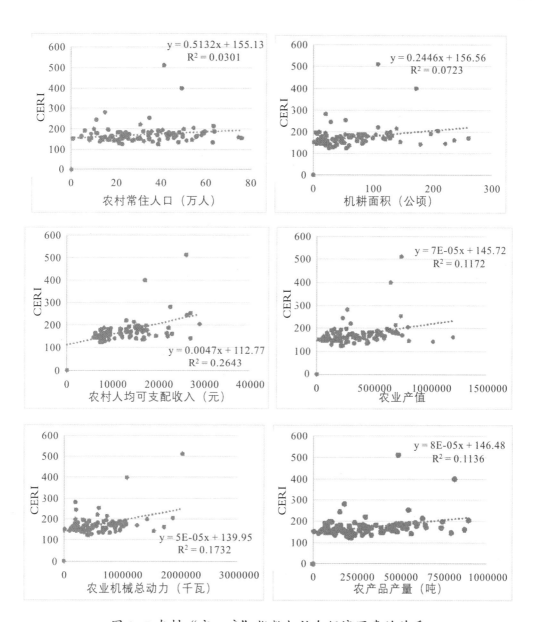

图 3-5 农村"空心房"指数与社会经济因素的关系

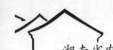

第四章

湖南省农村"空心房"整治的"湘阴模式"

为实施乡村振兴战略，抓好"三农"工作，湖南省以农村"空心房"整治作为乡村振兴战略的重要抓手，以湘阴县为试点地区全县推进农村"空心房"综合整治，探索湘阴模式，打造湖南省"空心房"综合整治示范区和创新区。在省委省政府的大力支持下，湘阴县以助推乡村振兴为目标，紧紧围绕"左公故里、美好湘阴"的建设愿景，大力开展农村"空心房"综合整治，并将其与美丽乡村建设、规范村民建房和农村环境治理等有机结合，积极探索，稳妥推进，促进了生产空间集约高效、生活空间宜居适度、生态空间山清水秀，探索走出了一条资源高效利用、加速乡村振兴的可持续发展之路。

第一节　湘阴县区域概况

一、地理位置

湘阴县隶属岳阳市，位于湖南省东北部，长江中游南岸，东临汨罗市，西接益阳市，南接长沙市望城区，北抵岳阳县、沅江市、屈原管理区。地处东经112°30′20″~113°01′50″、北纬28°30′13″~29°03′02″，县域面积1581.5平方公里，总人口75万，辖14个乡镇、419个行政村。湘阴地处长沙、岳阳、益阳三市五县中心，紧邻省会长沙，县城距长沙中心城区38公里，所辖乡镇距长沙最近的只有19公里，处于"长株潭"半小时经济圈内，是"长株潭"地区沿湘江、过洞庭、经长江出海的必经通道，既是"长株潭"城市群沿江北上在洞庭湖的"大码头"，也是岳阳和武汉城市圈对接"长株潭"城市群的"桥头堡"，区位优势十分明显。

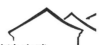

二、自然条件

湘阴县自然条件优越，属亚热带季风气候，年日照 1400~2059 小时，年平均气温 17.1℃，无霜期 223~304 天，年平均降水量 1393mm。气候温和，四季分明，热量充足，雨水集中，无霜期长，良好的气候条件适宜农作物生长。

湘阴县位居幕阜山余脉走向洞庭湖凹陷处的过渡带上，地势自东南向西北递降，形成一个微向洞庭湖盆中心的倾斜面，最高处青山庵，海拔 552.4 米，最低处濠河口河底，低于黄海水平面 4.3 米。境内地貌类型主要分成三部分：以冲击平原和岗地为主，东部为低山、岗地，占 31%；西部为滨湖平原，占 44%；北部为湖洲水面，占 25%。

湘阴县境内河渠纵横交错，湖沼塘堰星罗棋布。湘、资两水在县内流经长度 260 余公里，内江流经长度 70 余公里，有外湖 81 个、内湖 78 个、塘堰 3372 个、水坝 2249 座，水域面积 98.6 万多亩，可利用率在 55% 以上，为养殖、捕捞、灌溉、航运、工业用水提供了十分充裕的水源。

湘阴县成土母质以河流冲积物、湖积物、第四纪红土为主，土壤以水稻土、红壤、潮土为主。西部堤垸平原和湖洲分布着水稻土和潮土；东部低山岗地分布着红壤和水稻土。平原土壤耕层深厚，质地疏松，肥力较高，适宜水稻、油菜、绿肥等作物生长。岗地红壤，质地较黏重，酸性强，缺乏养分，适种茶树。低山红黄壤，质地较松，有机质丰富，有利于林木生长。湖洲潮土土层深厚，土质肥沃。

湘阴县物产丰饶,资源丰富。全县有以水稻、红薯为主的 11 种粮食作物，有以茶叶、棉花、荞头为主的 15 种经济作物,有以芦苇、湘莲为主的 10 余种水生经济作物,有以松、杉、樟、柳为主的 228 个树种，有以青、草、鲢、鳙、鲤和湘云鲫（鲤）为主的 114 个鱼类品种，有以猪、牛、山羊、鸡、鸭、鹅为主的 9 个畜禽种类。湘阴县境内多珍奇生物，珍稀树种有银杏、枫香、杜仲等 30 余种。非金属矿比较丰富。主要有重砂矿、细芝麻石、陶土、砂石等。县内砂石开采量每年均在 100 万吨以上。细芝麻石天然颗粒细，硬度理想，质地优良。陶土藏量极为丰富，为优质陶、瓷工业原料。

三、经济社会条件

湘阴县临长靠岳、拥江滨湖，区位优越，是长株潭城市群全国"两型社会"综合配套改革试验区滨湖示范区、湖南省承接产业转移试点县、湖南省最具投资吸引力县，长株潭城市群全国"两型社会"试验区建设总体规划确定的产业转移承接基地、现代装备制造业配套基地、绿色农产品生产供应和加工基地、区域性港口物流基地和休闲旅游服务基地。湘阴历史上曾有晚清民族英雄左宗棠、中国第一位职业外交家郭嵩焘、岳麓书院首任院长周式、明代五朝臣相夏元吉等湖湘文化名人；中国最早的青瓷官窑岳州窑、与岳阳楼同龄的湘阴文庙、左文襄公祠、柳庄等众多名声汇聚于此；东湖—洋沙湖国家级湿地公园、鹅形山省级森林公园、洞庭湖最大岛屿青山岛等湖光山色绵延于此，是一方人文厚重、英才辈出的福地，一方山清水秀、休闲度假的胜地，一方宜居宜业、开放发展的高地。

近几年来，湘阴县以建设"左公故里、美好湘阴"为愿景，围绕"敞开南大门、对接长株潭、建设新湘阴"这根主线，坚持"对标对接、融长发展"战略，紧紧依靠"改革推动、创新驱动、开放带动、项目拉动"四大支撑动力，按照"区域一体化、生态一体化、城乡一体化、产业一体化"四条发展路径，大力发展"绿色建筑建材、绿色装备制造、绿色食品、全域旅游"四大支柱产业，有力地推动了全县经济社会提速提质、跨越发展。近年来曾先后获评全国农业标准化示范县、全省粮食生产标兵县、"中国好粮油行动"示范县等荣誉称号，特色水产、禽畜和杨林寨、百树山蔬菜等农产品形成品牌。2017年，湘阴县实现地区生产总值360.6亿元，其中第一产业增加值56.43亿元，第二产业增加值190.83亿元，第三产业增加值113.35亿元，固定资产投资246.63亿元。全县全体居民人均可支配收入为22257元，其中城镇居民人均可支配收入28903元，农村人均可支配收入16984元。全县粮食种植面积103.21公顷，粮食总产量60.75万吨，社会经济发展稳中有进，全县呈现发展加速、效益提升、走势强劲、大局稳定、社会和谐的良好局面。

第二节　湘阴县农村"空心房"概况

一、"空心房"现状

2017年6月，湘阴县建立"政府主导、国土主推、部门协同、乡镇落实、群众参与"机制，各乡镇（街道）组织对属地进行全面精准摸底造册。摸查数据显示，湘阴县农

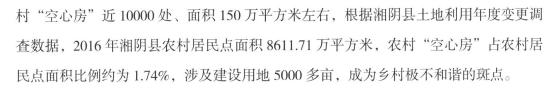

村"空心房"近 10000 处、面积 150 万平方米左右，根据湘阴县土地利用年度变更调查数据，2016 年湘阴县农村居民点面积 8611.71 万平方米，农村"空心房"占农村居民点面积比例约为 1.74%，涉及建设用地 5000 多亩，成为乡村极不和谐的斑点。

二、"空心房"形成原因

收入水平提高，新建住房需求和能力提升。随着湘阴县新型城镇化、工业化的大力推进，人民生活水平不断提高。农民群众富裕起来后，首要做的就是改善居住条件，部分农村人口向城镇转移并购房定居，这些人留在农村的房屋大量闲置、废弃；还有部分人口选择在农村建房，再加上现在许多青年人渴望拥有自己独立的住房，农民住宅需求迅速增长。近些年随着乡村的发展，湘阴出现一波返乡建房高潮，农村建设用地规模不断增大。而农村居民在大规模建新的同时却很少有旧宅基地的"拆旧"和回收，造成了"空心房"的大量出现。

村民文化程度低，封建迷信思想仍有存在。大部分农民由于文化程度偏低、法制观念淡薄，认为宅基地属于个人私有，对"一户一宅"问题的认识十分欠缺。有些村民认为老房子是祖业，对其具有浓厚的历史情感与怀旧情节，导致建新的同时无法拆旧。部分村民受"风水"等封建迷信的影响，怕"老"人在新房有霉气，新房建起后自己住新房，父母老人住老房子，对"空心房"的形成也起到了推动作用。

产权制度不完善，占用耕地机会成本低。而目前我国土地产权制度不完善，农村耕地、宅基地流转困难，农民只有使用权而没有处置权、不能进行转让，加上农业产业化程度不高导致农业产出低，使得占用耕地建房的机会成本低下。农民纷纷舍弃老宅旧屋，向村外寻求"风水宝地"，建房谋发展，造成了村内大量"空心房"的产生。

规划不科学，审批制度不完善。由于村庄以前规划不科学，内部基础设施缺乏，无地下排水设施，老房无法排涝，生活不便，促使村民迁居村外。但是农村宅基地管理不严格，针对新建住房的审批制度不完善，再加上农村基层干部的法制意识不强，随意审批宅基地，造成农民建房的随意性和盲目性。此外，还有乡镇原"七站八所"和企业改制后在农村留下的一批破败的机关院落、仓库、宿舍、办公房，由于缺乏合理的规划，长期废弃和闲置。这些闲置破烂的"空心房"，不仅造成了土地资源的极大浪费，而且成为美丽乡村建设的"钉子户"、全域旅游发展的"癞子头"、农村环

境治理的"拦路虎"。

城乡二元体制束缚尚未打破。首先，户籍制度虽不再是限制农村劳动力进入城市的最主要障碍，但仍是农民工进入城市正规劳动力市场的限制因素，农民工难以获取与城市居民等量的养老保险、医疗保险、最低生活保障和子女教育等基本权利，难以在制度上得到必要的生存保障，导致农民无法放下包袱，彻底离开荒芜的土地和闲置的农村住房或宅基地，完全融入城市，促使农地大量撂荒和农村宅基地的成片闲置、废弃。其次，农村宅基地不能自由转让，宅基地退出和房屋交易异常困难，导致迁移城市的原农村居民在农村的房屋长期闲置。再次，广大农村只有包括养老、医疗合作等社会保险制度和农村最低生活保障等社会救济制度，失业保险、住房保障等社会福利很少或基本没有。农村土地保障成为了农民从事非农产业的退路和生存保障，大量农村劳动力以短期方式进入城市务工，这些人以拥有住宅作为最后的保障，造成宅基地的"季节性闲置"。此外，教育、卫生、文化事业的城乡差别巨大，尤其是城乡教育资源分布的不均衡，导致农村师资力量大量涌入城市，学生生源迅速下降，中小学数量急剧减少。近年来，农村基础教育逐渐引起农民家庭的普遍重视，富裕村民为使孩子能够接受良好的教育，纷纷在城市购买"学区房"，举家搬迁至城镇，但由于宅基地使用和管理制度的缺陷，这些村民继续持有多处宅基地，造成了农村大量"空心房"的产生。

三、"空心房"整治动力

湘阴县农村居民点利用率低下。由于村镇规划不到位，农民建房基本上处于无序状态。村民建新留旧，仍然保留对老房子、旧房地产的所有权，导致大量的旧宅基地闲置浪费，占地面积不断扩大。据统计，2016年湘阴县农村居民点面积达8611.71万平方米，人居住宅面积为239.35平方米，远超国家标准，土地资源利用率低下，浪费严重。

村庄环境恶化，存在安全隐患。"空心房"的存在使村庄环境卫生大打折扣，严重影响村容村貌。公共设施落后，基本上没有绿化、硬化和排水沟渠，一碰到下雨天，污水横溢，道路泥泞，生活和生态环境差。不少房屋存在安全隐患，一些旧房年久失修成为危房，却仍用于堆放柴草、养鸡，甚至住人，碰到灾难性天气就要动员转移。

影响农村经济发展。由于土地的大量闲置和农村优质劳动力的外出，加上居住环境的不断改善，"空心房"给建设"生产发展、生活宽裕、乡风文明、村容整洁、治理民主"的社会主义新农村带来了严重影响。一方面使农村的特色文化、风俗等受到冲击，另一方面，也不利于弘扬和发展民族的传统美德，不利于和谐社会的建设，在相当程度上阻碍了农村社会经济的发展步伐。

城乡建设用地供需矛盾突出，"空心房"整治成为突破口。当前县域城乡建设用地供需矛盾十分突出。这几年，湘阴县用地需求每年在 2000 亩以上，而下达的用地指标只有 700 亩左右，缺口很大。农村"空心房"的大量存在，闲置了土地，占用了土地面积，也存在了一定的安全隐患，影响了村容村貌，同时也制约了新农村的发展。一边是新形势下城乡建设用地的供不应求，一边是农村"空心房"现象，导致大量土地的长期闲置和土地资源的极大浪费。"空心房"整治，成为湘阴县贯彻发展新理念，探索用地新机制，破解发展困局，加速乡村振兴的突破口。

四、"空心房"整治情况

近年来，湘阴县先行先试，进一步加大农村"空心房"整治力度。2017 年 6 月至 2018 年 5 月，湘阴县共整治农村"空心房"9692 栋、144.34 万平方米，其中历史遗留"一户多宅"3120 栋，63.3 万平方米，占总量的 44%；猪舍牛栏、鸡鸭棚、茅房杂屋 3518 栋，41.64 万平方米，占总量的 29%；违章建筑 2820 处，14.6 万平方米，占总量 10%；废弃工矿用地 36 处，14.6 万平方米，占总量 10%；乡镇合并遗留的"七站八所"、废弃村委会等国有、集体建设用地 198 处，10.2 万平方米，占总量 7%。完工验收增减挂钩项目 1607 亩，宅基地退出复垦 1680 亩。

根据《湘阴县农村"空心房"整治实施方案》的要求，湘阴县计划 2018 年完成农村"空心房"拆除 35 万平方米，截至 2018 年 5 月底，湘阴县 2018 年已拆除农村"空心房"5940 栋、84.84 万平方米，完成了 2018 年农村"空心房"的拆除任务。目前，湘阴县正在全力推进金龙镇燎原美丽乡村建设综合示范点、六塘乡金珠口村民集中建房示范点、漕溪港街道白泥湖高标准农田示范点的整治建设工作。

第三节　湘阴县农村"空心房"整治实施路径

一、组织层面——加强组织领导，全方位推动

组建领导机构。湘阴县将农村"空心房"整治作为全县深化改革、振兴乡村、改善民生的一项发展工程、创新工程和实事工程，县领导高度重视，从上至下构建严密的责任体系。成立了由县委、县人大、县政府主要领导牵头、分管领导具体负责、20多个县直部门和乡镇主要负责人为成员的领导小组，抽调精干力量设立整治办、综合组、宣传组、项目组、督察组等5个工作组，逐单位明确具体任务和具体责任。县乡村三级都明确了专人专抓，组建了工作专班，形成了"县委政府主导、乡镇街道落实、部门单位协同、农民群众参与"的整体联动体系。

出台专项文件。紧扣《中共中央、国务院关于实施乡村振兴战略的意见》《农村人居环境整治三年行动方案》等文件要求，紧密结合县情实际，按照"拆、整、改、建、管"并重的思路，制定下发了《湘阴县农村"空心房"整治实施方案》《湘阴县农村"空心房"整治考核细则》《湘阴县农村"空心房"整治工作领导小组成员单位工作职责》等文件，为有力有序推进整治工作提供了指导。

大力宣传。县乡村三级层层召开动员会，统一思想认识，部署工作任务，明确整治要求。实行"一天一汇总、一周一调度、一月一讲评"，在"乡镇工作微信群"中实时通报、及时点评。各乡镇设立了宣传窗，制作大型标牌、宣传语和横幅，同时运用宣传车、"村村响"、发放公开信等形式进行大面宣传，并要求包村干部进村入户面对面向群众做好政策宣讲，确保相关政策家喻户晓。

发挥群众主体作用，严格质量把关。在整治过程中，湘阴县充分尊重群众意愿，发挥群众主体作用，严把实地勘测、依法签约、核查审定、拆除安全、项目实施、质量验收等"六道关口"。特别是对纳入城乡建设用地"增减挂钩"和占补平衡的项目，采取村民自定、自筹、自建、自管的"四自"模式，由村民自定项目建设地址和内容，自筹项目前期建设资金，村民理事会自主选择施工队伍，项目验收后交付村民自行管护。同时，坚持建管并重，着力建立完善规划引领、整体联动、利益保障、修缮维护、

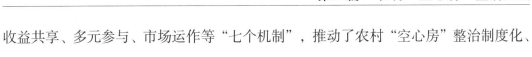

收益共享、多元参与、市场运作等"七个机制",推动了农村"空心房"整治制度化、规范化、常态化。

二、资金层面——保障资金投入,确保收益共享

湘阴县农村"空心房"整治所需投入全部有县财政兜底,建立农村"空心房"拆除补助机制,根据房屋类别按 30~60 元 / 平方米的标准予以补偿,整治后的土地收益仍归属原户主,保障了农民权益不受损。对各乡镇(街道)及相关单位,按验收批复的拆旧复垦面积,由县财政按照 3 万元 / 亩的标准安排工作经费。能够入市的新增耕地净收益,县、乡财政再按 4 : 6 比例进行分成,县财政所获得的土地增值净收益除预留整治滚动资金外,全部用于乡村振兴相关投入。乡镇(街道)所得部分作为"消赤减债"专用,极大地调动了乡镇(街道)的工作积极性。

三、规划层面——进行全面实地勘察,促进全域整治

全面实地勘察。突出沿湘江、洞庭湖及交通主干道等环境治理重点流域,已创建的国家级名镇名村、改善农村人居环境示范村和美丽乡村建设示范片等重点片区,已纳入规范村民建房范围的重点村庄等"三个重点"区域,由县农村"空心房"整治办牵头、乡镇负责、部门配合,采取进村入户、实地勘测的方式进行"地毯式"摸排,准确摸清"空心房"的栋数、面积、属性以及房主相关信息,逐个落实到村组、到地块、到图版,逐一登记造册,建立村(社区)、乡镇(街道)、县三级台账,做到了目标明、底数清。

整治全域覆盖。凡不符合农村"一户一宅"政策、占用主要交通干道及渠道无人监管、无合法继承人处于闲置状态、农民进城后无人监管且闲置的几类房屋,以及废弃的企事业单位办公场所、宿舍、生产性用房和工矿用地,全部纳入整治范围,实现了全县农村"空心房"整治全覆盖。

四、运作层面——积极进行多方统筹,开展综合整治

多方统筹,进行综合整治。在"空心房"改造过程中,湘阴县紧扣农村建设发展实际,因地制宜,因势利导,将"空心房"整治与农村规范建房、危房改造、洞庭湖综合治理、土地综合利用、"厕所革命"、美丽乡村建设、防洪保安、全域旅游等有机结合起来,按照"宜耕则耕、宜水则水、宜绿则绿、宜建则建"的"四宜"原则,根据拆除"空心房"所处位置、面积、土壤土质等不同，对腾出土地实行综合整治。对于面积较大、土壤肥沃、灌溉条件较好的，将其复垦为农田；对于面积适中、交通便利的，配套建设道路、供水、供电、通信等基础设施，作为村民集中居住点选址或乡村公益建设用地；对于不宜耕种、不宜建设的零星土地，由县林业局免费提供树苗树种，一律作为绿化用地。

积极探索创新整治模式，实行"增减挂钩"。争取省市国土资源部门的支持，将"空心房"整治后拟复垦为耕地的农村建设用地（拆旧区）和拟用于城镇建设的地块（建新区）组成建新拆旧项目区，通过建新拆旧和土地整理复垦等措施，置换出等面积的城乡建设用地指标，达到项目区内各类土地面积的占补平衡，盘活城乡土地资源。积极打造各镇亮点，形成各自特色。比如白泥湖园艺场片区"空心房"整治＋高标准农田建设模式；金龙燎原片区"空心房"整治＋美丽乡村建设模式；六塘金珠口片区"空心房"整治＋村民集中建房模式等，通过多方统筹，综合整治，着力推动农村环境大治理、生态大修复、建房大集中、面貌大提升，放大综合整治的经济效益、社会效益、安全效益、生态效益。

对宅基地严格实行"建新拆旧"。按照"一户一基"的农村宅基地管理政策，对以往村民择址新建房屋后造成的"一户多基"和无人居住、无人管理的"空心房"宅基地，全部依法依规退出，并进行土地整理。同时，进一步严格规范村民建房行为，凡新建住房的，严格按照统一规划、统一布点、统一图纸，实行建新必须拆旧、集中按图建房，确保土地节约集约利用。

第四节　湘阴县农村"空心房"整治技术路径

农村"空心房"综合整治，是一项涉及多个方面、多项工程的复杂工作。进行"空心房"整治之前，必须进行科学的规划设计，依据相关的技术标准和规范制定合理的整治方案。"空心房"整治涉及的技术包含规划设计技术、拆除复垦技术、景观设计技术等等。在整治过程中又涉及"空心房"拆除、修缮、土地复垦、农田整治、农村环境整治等方面，故还需要具备房屋建筑物整治技术、整治还田技术、道路整治技术、生态环境整治技术等。

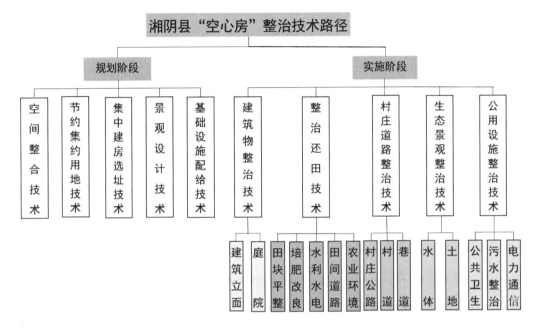

图 4-1　湘阴县"空心房"整治技术路径

一、规划设计技术

"空心房"整治规划设计技术主要包括 5 项技术：空间整合技术、集约节约用地技术、集中建房选址技术、景观设计技术、基础设施配给等统筹配建技术。湘阴县有关部门及各乡镇"空心房"整治小组借助无人机航拍技术和测量技术对"空心房"现状进行摸底调查和建档造册，并结合社会经济资料、实地调研与访谈，依托地理信息技术，分析"空心房"现状及空间分布特征。按照"宜耕则耕、宜水则水、宜绿则绿、宜建则建"的原则，对村庄空间布局、建设时序、村庄撤并与调整优化等进行整合，促进村庄结构优化，布局合理。湘阴县根据各乡镇"空心房"拆除与申请建房情况，在全县选取条件适宜的集中建房点 20 处（如六塘金珠口"兰岭人家"集中建房点），规范村民建房，统一规划、统一基础设施建设、统一建筑和景观设计，按照一户一宅和集约节约用地要求，将村民原宅基地退还给村集体统一安排，严格按照标准安排新宅基地面积。形成了促进乡村风貌统一、空间布局优化、土地节约集约利用的农村"空心房"综合整治规划设计技术体系。

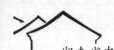

二、整治还田技术

"空心房"整治还田技术是指将闲置、废弃的宅基地整治后，重新复垦为耕地的一种技术。湘阴县在进行"空心房"整治的同时，因地制宜地与农田相结合，进行高标准农田建设，如白泥湖园艺场片区"空心房"整治＋高标准农田建设。

1. 田面平整

田面平整包括田块修建筑工程、耕作层地力保持工程。田块要满足以下要求：合理规划和适当归并田块，田块相对规整；田面平整，水田丘块平整度在±3厘米以内，旱地丘块平整度在±10厘米以内；长度和宽度应根据气候条件、地形地貌、土壤类型、作物种类，机械作业和灌溉与排水效率等因素确定。地面坡度为5~25°的坡耕地，宜改造成水平梯田，梯田化率大于90%。耕作层地力保持，采用耕作层剥离与回填、客土回填、细部平整等措施进行土地平整，确保农田有效土体厚度大于50厘米，有效耕作层厚度大于25厘米。实施测土配方施肥，促进土壤养分平衡，建成后，高标准农田的土壤有机质含量在12g/kg以上，各项养分含量指标应达到当地土壤养分丰缺指标体系的"中"或"高"值水平，土壤pH值保持在5.5~7.5，耕作层土壤重金属含量指标符合有关国家标准规定，影响作物生长的障碍因素应降到最低限度。田间基础设施占地率下降到8%以下，丘陵区梯田化率不低于90%，形成区域化、规模化、集中连片的高标准基本农田。

2. 水利灌排设施建设

高标准基本农田建设的重点在于在原有排灌沟渠基础上，通过改造和新建，进一步提高防洪抗涝能力和灌溉能力，达到现代农业的水利设施建设要求。建成后，确保有效灌溉率水田不低于85%，水浇地、旱地不低于80%；水资源条件一般地区灌溉设计保证率，水田不低于80%，水浇地、旱地不低于75%。排涝抗洪标准提高，排涝标准5~10年一遇，农田防洪标准达到10~20年一遇，水田3d暴雨3d排至作物耐淹水深，水浇地、旱地1d暴雨从作物受淹起1d排至田面无积水。

3. 田间道路建设

建设区内农业作业道路较完备，建设重点在于优化机耕路、生产路布局，合理确定路网密度，整修和新建机耕路、生产路，配套建设农机下田（地）坡道、桥涵等附属设施,提高农机作业便捷度。建成后,田间道路直接通达的田块数占田块总数的比例,平原区应达到100%,丘陵区在90%以上,满足农机作业、农业物资运输等农业生产活动的要求。

4. 电网建设

对适合电力灌排和信息化管理的农田,铺设高压和低压输电线路,配套建设变配电设施,为泵站、机井以及信息化工程等提供电力保障,实现农田机井、泵站等供电设施完善,电力系统安装与运行符合相关标准,用电质量和安全水平得到提高。

5. 农业环境建设

根据防护需要,新建、修复农田防护林网。在水土流失易发区,合理修筑岸坡防护、沟道治理、坡面防护等设施。建成后,农田防护面积比例应不低于90%。农田防护与生态保持工程与农村居民点景观相协调,有效保护田间生物生存和生活环境。

三、建筑物修缮技术

1. 整治原则

首先必须实用可靠,经济可行,要充分考虑实施的可操作性、经济性,以典型为示范,带动引领自主改造;第二要避免同质,各具特色,保留原有建筑的基本外形,倡导主要满足安全性的修复为主,适当加以整饰,保留乡土气息,避免乡村的同质化发展;第三要融入乡土元素,多用乡土材料,墙面可多用土石砖等当地材料,减少亮色的缸砖涂料和千篇一律的白墙,立面装饰上尽量考虑夯土墙质感、石材垒感、仿树皮、木材等自然生态的样式,以门、窗、窗沿、屋檐等处的装饰为外立面整治的切入点,以竹、木、石材等为主要元素,体现乡土韵味;第四要注重文化元素的应用,立面整治可以结合具有乡村风味的老物件、农民画、山水画,通过"立面文化"加强村落的乡土文化气息。

2. 建筑立面整治

建筑立面整治技术主要是修改或变更原建筑物各个方向的设计要素,使之适合新的形势和需要的一种技术。湘阴县在"空心房"整治过程中积极引导有条件的村庄和农民依据村庄规划,对现有农房进行外立面整治和庭院整治。如六塘金珠口片区"空心房"整治,为了与金珠口集中建房点的建筑风貌保持协调统一,根据现状建筑质量评价，对建房点周边部分房屋进行立面整治。主要从结构、风格、色彩等方面提出相应的整治措施。包括以下几点：一是对屋顶进行平改坡处理；二是对墙面进行刷白、贴踢脚砖处理；三是对门窗进行更换处理；四是对前坪进行硬化及景观美化；五是视需要部分新增木质对联。村庄建筑风格明显体现出了地域文化特色，村落格局与山水田园相融，实现了整体建筑风貌的协调统一。

图 4-2 六塘金珠口片区"空心房"整治效果对比图

3. 庭院整治

景观方面：在路两边或者村庄、庭院四周种植波斯菊、薰衣草等草花，或者其他植物景观花卉。庭院内可以有花草、树木、池水、假山、石头等小山水意境的景观布局，给人美的享受。庭院铺地方面则采用在庭院草坪内铺置青石板步行道，不破坏草坪的整体性。

图 4-3 庭院景观整治图

庭院围栏：花坛、围墙的数量、造型、使用材质要多样化、乡土化，花坛形状要丰富，鼓励采用鹅卵石、砖块、木头、竹子等乡土自然材料，鼓励围墙为白墙黑瓦花窗，一个村的建筑风格既要有特色又要相对统一。就地取材，采用石磨、石板、青砖、黑瓦、石块等多种石材打造，使用山上开采的岩石（非风化石）进行浇筑装置，平整面朝外和朝上，水泥不外露，可以高低、进出错落，很有乡村自然风情。

图 4-4　庭院围栏整治图

四、道路整治技术

1. 整治原则

农村道路整治宜因地制宜，保持线行自然，采用适宜宽度。村庄道路走向应顺应地形，尽量做到不推山、不填塘、不砍树。根据村庄的不同规模和集聚程度，选择相应的道路等级与宽度。规模较大的村庄干路可适当拓宽。旅游型村庄应满足旅游车辆的通行和停放，产业型村庄应满足物流运送的要求。以现有道路为基础，顺应村庄格局和建筑肌理，延续村庄乡土气息，传承传统文化脉络。

2. 村庄公路整治

村主干公路不宜低于准四级公路工程技术要求。主干公路应设置交通标识，并应符合 GB 768.1 和 GB 5768.2 的要求，宽 6 米以上，对路基宽 3.5m 受限路段，应重点强化安保设施设置，长距离的路段设立港湾式会车区。道路红线宽度为 8~15 米，在允许的情况下，要留出与道路铺装宽度相当的后退红线距离，既保证安全，减少对居民的噪声影响，也便于铺设公共工程设施和绿化美化村庄。

3. 村道整治

村道的路面宽度以不宜小于 4 米，要满足机动车同行或农用小型机动车及畜力车通行需求，村道红线宽度约 5~10 米。根据需要并结合地势设置错车道，错车道宽度不少于 5.5 米，有效长度不少于 10 米。村内道路结构、形态、宽度应自然合理，路面平整，边沟通畅、无障碍，养护良好。农村主要道路路面铺装一般采用水泥混凝土路面、沥青路面、块石路面等形式，排水困难或多雨地区的村庄，宜采用水泥混凝土或块石路面；在交通量较小的次要道路以及集体经济较薄弱的村庄，不宜参照村庄主路过度水泥化的模式，宜采用砖、块石、混凝土块等柔性路面，增加水资源的涵养，保护生态环境。

4. 巷道整治

巷道的路面宽度一般不小于 2.5 米，道路红线宽度 3~5 米，宅前屋后要与次要道路连接，基本满足非机动车及行人通行。巷道路面铺装宜采用水泥混凝土路面、石材路面、预制混凝土方砖路面、无机结合料稳定路面及其他适合的地方材料。对道路排水条件不佳，当地拥有石材的村庄，宜采用当地石料铺装的柔性路面，如花岗岩天然石料、加工石料、砾石、步石等材料，可增强路面透水性、保护自然环境。在道路纵坡大于 3% 的路面上，宜采取设置踏步等阻止砂石流失的措施，并采用打造混凝土基础或铺设透水层料等预防措施，以免杂草生长。采用草皮路面的则需要注意草皮免受人、车直接踏压。

五、农村公用设施整治技术

1. 整治的总体要求

首先要实现农村环境整洁有序，做到垃圾入箱，公共厕所整洁卫生，地面无污水，设施外观以朴实为基调。其次为达到农村环境优美宜人，宜注意农村设施与整体环境的和谐，在不影响其安全性和实用性的前提下具有一定创意，与周边自然环境融合。最后为突显特色，宜根据当地的文化历史，融入一定特色装饰元素，使农村公用设施成为体现村容村貌的景观符号之一。

2. 公共卫生整治

（1）生活垃圾整治

生活垃圾推行分类收集，增设垃圾分类收集设施，循环利用。设立垃圾收集点（每个村庄不应少于 1 个），村庄主干道设置密闭式垃圾箱（桶），统一垃圾箱设施规格，风格与村庄整体风貌协调；根据需要可增设小型垃圾转运中心，周边以适当灌木遮挡，并与周边建设保持一定卫生防护距离；明确卫生保洁员负责设施的日常管理，生活垃

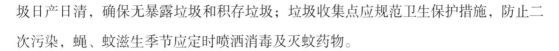

坂日产日清，确保无暴露垃圾和积存垃圾；垃圾收集点应规范卫生保护措施，防止二次污染，蝇、蚊滋生季节应定时喷洒消毒及灭蚊药物。

（2）农村厕所改造

每个村庄至少设置一座标准化公厕（可与公共建筑合建），户厕改造宜实现一户一厕（无害化卫生户厕）。公共厕所设置在人流集中的地点，有墙、有顶，厕坑及储粪池不渗漏，建筑内饰材料应防滑、防渗、易洁，外观与周边环境协调，厕内清洁，无蝇蛆，基本无臭，粪便及时清除并进行无害化处理；对现有旱厕进行改造，改造为冲水式厕所或粪尿分集式厕所；不具备上、下水设施的村庄，不宜建水冲式厕所，水冲式厕所排出的粪便污水应与通往污水处理设施的管网相连接；非农牧业地区的村庄，不宜选用粪尿分集式生态卫生厕所；明确公共厕所卫生保洁员日常管理制度，公共厕所服务范围内设置明显的指引标识，旅游线路沿线区域按照标准上限设置公共厕所。

3. 污水整治

（1）污水管网整治提升

新建村庄应采用雨污分流制。水源保护区范围内村庄，优先采用分流制收集，其他村庄可根据现有排水系统运行效果，因地制宜选择采用分流制或截流式合流制，最终保证污水收集处理、雨水排放顺畅。建议采用管道收集生活污水，根据人口和人均用水量计算污水总量，并估算管径，村内巷道管径不小于DN200，农户化粪池污水排出管道管径不小于DN100，炊事、洗衣、洗浴等污水排出管道管径不小于DN50。采用明渠或盖板渠收集雨污水时，过水断面宽度不小于200毫米。除满足以上最小管渠尺寸要求外，截流式合流制尚需结合截流倍数等相关参数进行管径计算，污水管道依据地形坡度铺设，坡度不应小于0.3%。管材可选用混凝土管、塑料管等多种地方材料。污水利用渠道收集的，需加盖板遮蔽。每户均有污水管道接入，减少污水乱倒现象。井盖需做定期维护，有破损或遗失需及时补齐。

（2）污水处理站整治提升

有条件且位于城镇污水处理厂服务范围内的村庄，应建设和完善污水收集系统，将污水纳入城镇污水处理厂集中处理；位于城镇污水处理厂服务范围外的村庄，应联村或单村建设污水处理站。村庄污水处理站应选址在夏季主导风向下方、村庄水系下游，并应靠近受纳水体或农田灌溉区。污水处理站可采用人工湿地、生物滤池或稳定塘等生化处理技术，也可根据当地条件，采用其他有工程实例或成熟经验的处理技术。采用人工湿地等污水处理设施的村庄，生活污水可与雨水合流排放，但应经常清理排水沟渠，防止污水中有机物腐烂，影响村庄环境卫生。人工湿地适合处理纯生活污水或雨污合流污水，占地面积较大，宜采用二级串联，可利用水塘及公园的景观池进行改造。地理环境适合且技术条件允许时，村庄污水可考虑采用荒地、废地以及坑塘、洼地等稳定塘处理系统。污水处理站出水应符合现行国家标准《城镇污水处理厂污染物排放标准》GB18918 的有关规定。污水处理站出水用于农田灌溉时，应符合现行国家标准《农田灌溉水质标准》GB5084 的有关规定。

4. 供水设施整治

（1）水塘整治

禁止破坏现有生态基底，以生态处理为原则整治现有水塘。供水管道按照规范设计，对废弃坑塘重新使用，做调蓄等用途。禁止向水塘排放污水，特别控制在水塘集雨范围养殖，根据水塘实际情况，划定禁养、适养和限养范围，确保灌溉水质达标。对已污染水塘实施清淤疏浚，采取综合措施恢复水生态，竖警示牌，对水塘保护进行明确示意。

（2）农村沟渠整治

排水明沟应结合灌溉渠系和田间道路进行布置，根据情况，选择明沟或暗管工程。对现状河道污染源进行排查和控制，加强生态材料和生态处理方式的应用。灌渠应因地制宜选择建设材料，并与周边环境相协调，在灌渠周边进行适当绿化，提高灌渠美观度。

（3）农村小泵站整治

因地制宜选用集中或分散建站、一级或多级排水的方式。排水泵站出水口不宜选在迎溜、岸崩、河床不稳定或淤积严重的河段。鼓励对其节能改造，不断降低其能耗水平。建筑材料宜采用生态材料，因地制宜，与周边景观和建筑相协调，反映地方建筑特色。

（4）堤防整治

要以保障周边村庄防洪安全为基本原则，集中整治堤防。人口密集、乡镇企业较发达或农作物高产的乡村防护区，其防洪标准可适当提高。少用水泥护坡，宜采用生态护岸，重点考虑与周边景观以及道路等设施的协调。

5. 电力、通信设施整治

整治应以保障电力、有线电视、固话和宽带通信等通村入户，满足村民使用需求为原则。禁止私拉乱接电力、电视、通信线，保障电力和通信设施的正常使用和维护。规范户外线缆架设，村内存在线缆杂乱无章的区域，应及时清理整治。线路整治时宜将各类电力和通信线缆入管入盒，贴墙分类捆扎或同杆、同管渠沟集约共建，兼具美观性和实用性，管盒规格统一，线缆上的标识设置方式、颜色、尺寸统一。清理废弃架空线缆、电杆、交接箱、设备供电箱及相关负载物。鼓励有经济条件的村庄将电力、通信线路分别穿管埋地敷设。埋地敷设时通信管道应实现统建共享，满足多家运营商接入需要。

六、生态环境整治技术

"空心房"生态环境整治主要包括水体整治技术和土地整治技术。通过技术的实施建立生态友好型村庄，改善农业生产区的居民生活环境，提升农民新村的文化娱乐功能；保护生态涵养区的自然环境生态，维护林地、草地、水体的环境生态保护功能；维持和提升各土地利用类型的生态服务价值和多功能性，增加农业生产区、生态涵养区以及研究区的生态服务价值总量，形成山林水田居路统筹协调、宜居宜业的新农村，构建一个安全、合理的生态格局和一个功能完善、可持续的农业生态系统。

1. 水体整治

（1）总体要求

以村落固有的生态田园为基底，以现代农业为核心，对村落的山、田、水、园等生态环境进行优先保护与生态修复。在村庄原有水系的基础上，梳理村庄植被，形成树木葱茏的绿化环境，做到"水清、岸绿、流畅"，使得农村环境优美宜人。为突出村庄特色风貌，采用具有当地特色的树种植被、特色铺装等，营造特色村落，构建生态人文的村落生态示范区。

（2）保持水体清洁

水是村庄景观生态系统的重要组成,与村民的生活息息相关。全面整治农村河道、水道,是提升农村水环境生态功能和景观功能的基础。整治时应清除垃圾、岸边堆放杂物,防止杂物腐烂清淤。疏浚水道,定时清理淤泥,保证水质清澈。恢复防汛功能,河道绿化横向应满足河道断面规划要求,兼顾防汛和亲水设施需要。整理护坡,不稳定的河床基础,以大石块和混凝土进行护底固槽,把砂石和石砾在底下回填,铺敷在石块后面并碾压结实。科学划定江河湖海限捕、禁捕区域,健全水生生态保护修复制度。

（3）美化滨水空间

明渠宜增加安全防护措施,加宽两岸联系通道,禁止建筑侵占泄洪通道。在工程许可的情况下,运用自然滚水坝进行适当蓄水,形成湖面景观。规范农村洗衣场所及其他滨水生产活动,使其成为体现民风的生活场景。恢复水塘安全防火的需要,扩展水塘外延功能,如养花、养鱼等。池塘边坡绿化采用建设生态护岸,铺设保持水土的地被植物。保护自然堤岸,当河流穿越村庄并贴近建筑时,可考虑3米以内的绿水带;当河流穿越村庄并距离建筑较近时,可考虑3~12米的绿水带;当河流离村庄较远时,可考虑12~30米的绿水带。特殊河段增加植被种植的丰富程度,保持景观多样性。可在河流两岸原有植被的基础上,加种不同层次的植物,上层主要以高大乔木、竹林为主,中层以灌木为主,下层考虑耐湿性地被,空间有限时,可考虑只搭配两个层次,地被与乔木,或地被与灌木。

2. 土地整治

（1）总体要求

统筹山水林田湖草系统治理,把山水林田湖草作为一个生命共同体,进行统一保护、统一修复。保护山水田林自然风貌,修复延续田园风光,山村风貌,水乡风韵等自然特色。尊重自然、顺应自然、保护自然,推动乡村自然资本加快增值,实现百姓富、生态美的统一。参考田园综合体等内容,挖掘地方文化,使景观和文化相融合。

（2）山林整治

村庄外围山体是形成村庄良好自然环境的基础,要对这些山体重点梳理,补植树种,形成绿色背景。在重点区域进行林相美化处理,种植开花或是色叶树种,凸显四季变化;结合当地风水林、乡土特色植物、乡土引鸟招鸟植物等实际情况进行构建。

保持林带的连续性，以提高防护功能；林带宽度不少于10米。根据地形调整林带走向，在平地造林时，种植行宜南北走向；在坡地造林时，种植行宜选择沿等高线走向；在风害严重地区，种植行宜与风向垂直。保护围庄林带，禁止随意砍伐、随意移栽情况。不得随便开路，要有水土保持方案，并报经林业主管部门审批。复育受损林带，结合外缘地形与现有植被等因素，因地制宜，增补缺少的植被层次，修复受病虫害干扰的群落。对道路施工产生的山体切坡进行破面绿化。

（3）农田整治

应保护好周边的农田景观，禁止随意围田造房。尽量避免农田空置、裸露、抛荒，对裸露地表及人为破坏的土地进行人工修复，积极推行土地整理，加大废弃地复垦力度，以形成农林生态系统。科学、合理地开发未利用土地，健全耕地休养生息制度，分类有序退出超载的边际产能。种植观赏性植被，对于果园和草地围栏、菜田、道路两侧，可以种植观赏性植物篱，以增加景观多样性。营造田埂植被景观，结合田埂形状，适当种植蚕豆、波斯菊、油葵等植株相对低矮的一二年生草本作物，营造起伏多变的田园景观。

第五节　湘阴县农村"空心房"整治取得的主要成效

一、破解了城乡发展难题

盘活了城乡土地资源。农村"空心房"导致大量建设用地闲置，造成了土地资源的极大浪费。通过对农村废弃"空心房"进行综合整治，有效盘活了存量建设用地，保障了城市建设需求，为科学编制村庄规划、促进土地节约集约经营、高效利用土地资源提供了有效保障。预计整治完成后，湘阴县可增加建设用地指标1609亩，极大地缓解了重点工程项目建设用地供需矛盾，使碧桂园、恒大等一大批优质项目落户湘阴。特别是采取市场化运作，成立湘阴振乡农村建设投资有限公司，以农村"空心房"整治形成的耕地占补平衡和增减挂钩指标进行投融资，目前已向省农发行申请贷款7亿元。

确保了耕地占补平衡。因建设占用、农业结构调整、生态退耕、自然灾毁等因素，耕地数量在减少，耕地质量也受污染，呈现持续下降的趋势。而农村"空心房"拆除后复垦复绿的地块，具有地形、土壤、水资源等方面的优势，开发利用条件较好，不

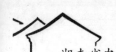

仅新增了大量优质耕地，还大幅提高原有耕地质量，实现了耕地保护数量、质量双平衡，保障了县域耕地总量平衡的红线。

根除了"藏污纳垢"窝点。湘阴县共清除乡镇27处利用"空心房"非法生产、仓储烟花鞭炮的隐藏窝点，使非法生产无处可藏，有效消除了安全事故隐患。

促进了堤防保安。作为湖区水利大县，湘阴县境内堤防长、水系多、水情复杂，历来是全省全市防汛抗灾的重点县、主战场。在推进"空心房"整治过程中，湘阴县以南湖洲、湘滨、杨林寨等重点湖区乡镇为重点，结合防洪需要，对大堤两侧"空心房"拆除后，连同周边水塘进行填埋复垦，一举消除汛期隐患11处，使堤防更加稳固。

二、解决了多元利益需求

农户收益。"空心房"拆除后土地保持"三权"不变，每户还可得到1~2万元的补偿，既解除了后顾之忧，又增加了实际收入。同时，实行免费拆除和复垦复绿，不仅没有增加群众负担，而且美化了生产生活环境。

财政增收。对县级财政来说，整治虽有一定前期投入，但可获得城乡建设用地"增减挂钩"和耕地占补平衡指标3000余亩，其中新增耕地2067亩、绿化用地300亩、保障规范村民建房用地340亩、基础设施建设用地402亩，实现了耕地保护与经济社会发展、生态文明建设相统筹，推动了县域经济平稳健康发展。

乡村化债。乡镇除有2.65万元/亩的工作经费外，还可获得新增用地指标净收益的60%，2亿多元的直接收入可全部用来化解历史遗留债务，有利于乡镇消赤减债、轻装上阵、提速发展。对村集体来说，整治后的土地，可就地用于村级服务中心、小广场、小游园等公共设施建设，有利于推进城乡公共服务均等化，提升农村公共服务水平。

三、推动了乡村振兴战略

农村村民建房不断规范。结合整治腾出的建设用地面积，在全县设置规范村民建房点20处，对"一户一宅"确需拆旧建新户进行统筹，2017年完成14处778户集中建设，节约集约用地233.4亩。

乡村产业发展不断转型。利用宅基地退出复垦增加2000余亩耕地，在樟树镇种辣椒、南湖洲镇种蔬菜、洋沙湖种草莓、金龙镇发展特色农业和全域旅游等，凯佳、百树山等农业综合体正向多功能、复合型、创新型产业结合体进发，努力探索出一条质量更高、效益更好、结构更优的乡村产业发展新路。

美丽乡村品味不断提升。湘阴县金龙等乡镇实行"'空心房'整治+N"的模式，以建设美丽宜居村庄为导向，将整治工作与村貌提升、"厕所革命"、污水处理、绿化家园、乡风文明等相结合，在整治后的空坪隙地上建设小绿地、小菜园、小游园或小广场，将成分较好的"空心房"改造成农家书屋或"五老"议事场所，强化了乡镇文化元素符号，提升了山水林田湖草风貌。

第六节　湘阴县农村"空心房"整治主要模式

一、白泥湖园艺场片区"空心房"整治 + 高标准农田建设

白泥湖园艺场建于 20 世纪 70 年代，占地 5000 亩，属洞庭湖平原区，地势平坦，土层深厚，土壤自然肥力较高，交通完善，水资源丰富，农业产业化较高，是理想的粮食重要基地。园艺场自 2009 年搬迁至湘阴县城后，遗留之处低效闲置，2017 年，湘阴县将园艺场纳入农村"空心房"整治范围。白泥湖园艺场片区"空心房"主要以企业机关院落、仓库、宿舍、办公楼为主，闲置面积大且集中。

图 4-5　白泥湖园艺场片区

根据《湖南省白泥湖园艺场发展规划（2013—2030）》提出白泥湖园艺场将打造成为湖南省农业现代化产业示范基地与休闲旅游示范基地的战略定位，白泥湖园艺场片区按照宜耕则耕、提升产能要求，将"空心房"整治与高标准农田建设紧密结合。通过"空心房"拆除、土地复垦，与周边农田相结合进行高标准农田建设。按照高标准农田建设要求，对园艺场产能较低的耕地实施路网、林网、水网改造，以提高粮食产能；对肥力贫瘠的低效林地，则通过清杂、复垦、深耕、配套设施完善等措施开发利用成水田，分三年制订相应培肥计划，达到高标准农田耕作要求。

图 4-6　白泥湖园艺场片区"空心房"整治效果对比图

白泥湖园艺场片区整治完成后，610亩欧美黑杨、120亩废弃监狱、劳教所和生产用地将被整治成高标准农田，可新增耕地面积730亩，腾出建设地面积120亩。新增耕地水稻早晚两季按800公斤/亩计，可收益200万元。通过对750亩低产能水田提质改造为高标准农田，改造后水稻早晚两季按增量200公斤/亩计，可增加收益近60万元。

白泥湖园艺场片区通过将"空心房"整治与高标准农田建设相结合，不仅消除了"空心房"的安全隐患，美化了乡村环境，优化了城乡建设用地布局，而且盘活了闲置土地资源，增加了耕地数量、提高了耕地质量，促进了土地生养休息，实现了土地经济效益、社会效益、安全效益、生态效益同步提升。

白泥湖园艺场"空心房"整治 + 高标准农田建设整治模式主要适用于地势平坦，土层深厚，土壤自然肥力较高，交通完善，水资源丰富，农业产业化较高，"空心房"闲置面积大且集中的平原地区。核心是通过对片区内"空心房"的拆除及土地复垦，与周边农田相结合，通过对产能较低的耕地实施路网、林网、水网改造，提高粮食产能；对肥力贫瘠的低效林地，通过清杂、复垦、深耕、配套设施完善等措施开发利用成水田。按照高标准农田建设要求制订相应培肥计划，进行高标准农田建设。

二、金龙燎原片区"空心房"整治 + 美丽乡村建设

金龙燎原片区位于金龙镇，规划范围包括望东村南部、狮岑村西部、金凤村北部，主要分布在芙蓉大道进入金龙镇的道路两侧区域，总规划面积为 80.02 万平方米。片区地处丘陵地带，虽林地众多，但经历代耕耘，开垦出众多良田；片区内分布有多处池塘，作灌溉养殖之用，水源来自燎原水库。片区内建筑主要沿道路两旁分布，背山面水、面田，建筑质量整体较好，存在少量闲置房和违建房。

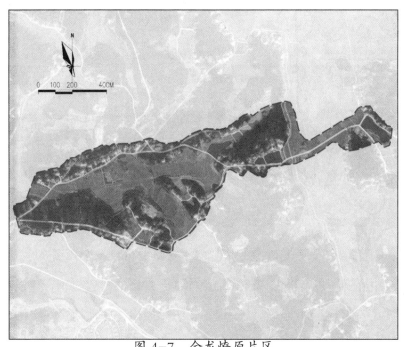

图 4-7　金龙燎原片区

金龙镇是湘阴县建设美丽乡村的示范片,是湖南省美丽乡村建设省级领导联系点。金龙燎原片区按照"宜绿则绿、宜建则建"原则和村容村貌整体提升要求,将"空心房"整治与美丽乡村建设紧密结合。燎原片区依托周边丰富的旅游资源,包括鹅形山风景区、燎原水库、洞庭湖、樟树古镇、乔口渔都、青山岛、左宗棠文化、陈毅安红色文化等生态文化旅游资源,利用乡村原生态的农业资源与乡村特色的文化、民俗,将片区打造成为集"住农家屋、吃农家菜、喝农家酒、干农家活、享农家乐"于一体的体验式原味乡村。

金龙燎原片区拆除"空心房"9栋,拆除面积1072.8平方米。拆除后的土地除了村民自建新宅外,一部分改建为小型文体广场,配置健身器械、栽树种花、装置文化窗,以满足村民休闲娱乐的需求;其余建筑拆除后均复垦为旱地,腾出建设用地872.8平方米,新增耕地872.8平方米。

图 4-8 金龙燎原片区"空心房"整治效果对比图

除了对"空心房"进行拆除以外,为整体提升片区的村容村貌,建设美丽乡村,对道路沿线房屋进行了立面改造,统一规划、统一风格,在池塘边一字排开便是一幅美丽的山水田园画卷。通过"空心房"拆除、土地复垦,片区将腾出的建设用地指标用于美丽乡村建设，对建筑、庭院、道路等进行整治，助推"左公故里、美好金龙"建设。金龙镇美丽乡村建设稳步推进，先后获评"全国重点镇"和"全国文明村镇"，芙蓉北路湘阴段荣膺"湖南省最美绿色通道"。

图 4-9　房屋外立面改造

　　金龙燎原"空心房"整治＋美丽乡村建设模式主要适用于自然环境整体较好，存在一定价值的历史文化或旅游资源可供开发利用，建筑质量整体较好，存在少量闲置房和违建房的农村地区。核心是通过"空心房"拆除、土地复垦，片区将腾出的建设用地指标用于美丽乡村建设，对建筑、庭院、道路等进行整治，对道路沿线房屋进行立面改造，统一规划、统一风格，在池塘进行水体整治，绿化美化，提升片区整体的村容村貌，建设美丽乡村，努力打造一幅美丽的山水田园画卷。

三、六塘金珠口片区"空心房"整治＋村民集中建房

　　六塘金珠口片区规划范围位于六塘乡金珠口村，北至 240 国道、西以村级道路为界，东南至山地中线，总规划面积 11.73 万平方米。片区地处丘陵地带，建筑较为分散，建筑质量整体不佳，主要为闲置房屋。

图 4-10　六塘金珠口片区

六塘乡结合规范村民建房、美丽乡村建设、现代农业发展等工作要求，大力开展农村"空心房"综合整治工作。六塘金珠口片区按照"宜耕则耕、宜建则建"的原则，将"空心房"整治与村民集中建房紧密结合。片区拆除"空心房"11栋，同时将房前屋后的闲置土地一并进行复垦为耕地，复垦后的土地，由村委会集中流转，打造小型田园，分包给当地村民，流转土地的租金由相关村组村民受益。

图 4-11　六塘金珠口片区"空心房"整治效果对比图

片区通过"空心房"拆除、土地复垦,将分散用地集中,在片区内选定集中安置区,规划建设"兰岭人家"居民集中建房点。"兰岭人家"项目采取"政府监督指导、理事会运作组建"模式,成立金珠口村村民集中建房理事会,负责整体全面统筹引导居民集中建房事宜,按照"一户一宅"和节约集约引导要求,规范村民建房。"兰岭人家"规划面积30余亩,规划集中建房50栋,其中配套建设了2栋廉租房,不仅为拆迁户提供集中住房,还为周边拆除了"空心房"的部分困难群众提供廉租房或免租房。

图 4-12 "兰岭人家"居民集中建房点规划图

通过对"兰岭人家"居民集中建房点进行科学规划和建筑设计,统一配置绿化、污水处理池、文体广场等基础设施,提升村民居住质量、生活品质。同时为保持村庄整体风貌的协调统一,对"兰岭人家"居民集中建房点周边的房屋进行立面整治,整体提升村庄风貌。

图 4-13 "兰岭人家"周边房屋外立面整治效果对比图

六塘金珠口片区"空心房"整治+村民集中建房整治模式主要适用于建筑较为分散,建筑质量整体不佳,主要为闲置房屋的地区。核心是将"空心房"整治与村民

集中建房紧密结合。将房前屋后的闲置土地一并复垦为耕地，在片区内选定集中安置区，规划建设居民集中建房点。对集中建房点附近未搬迁的建筑进行立面改造，形成风格统一、特色突出的农村居民点。

第七节　湘阴县农村"空心房"整治存在的问题

一、民众观念陈旧，"一户一宅"难落实

虽然目前农村村民异地选址新建住房在用地审批时都会与村委会签订旧宅基地退地协议，协议规定："村委会待建房户在新建房屋竣工之日起六个月无条件收回房户的旧宅基地，地上建筑物由建房户自行拆除。"但在实践中，农民对宅基地所有权普遍存在迷信和私有的观念，认为老宅是祖辈留下的基业，是子孙后代的"根"，拆了就断了"根脉"，而且老宅是"风水宝地"，应该祖祖辈辈传承下去，是一种私有财产，类似的陈旧观念很难扭转，导致"一户一宅"制度很难真正落实到位，绝大多数农户建新不退旧，造成农村现实工作中对旧房难以拆除到位，集中整理复垦工作难度很大。

二、新村规划建设滞后，规范村民建房落实难

目前，村除集镇规划外，行政村以下的村庄规划因经费投入无来源等原因多数未编制，有编制的也存在规划不到位或不切实际等问题。部分村贪图便利在耕地上进行新村规划建设，而不是充分利用"空心村""空心房"进行规划建设，造成新村和旧村同时并存。在整治农村"空心房"的同时，农民新建农房无序，随意超占面积现象时有发生，严重影响了旧村改造和新村建设的总体效果。此外湘阴县西部是洞庭湖冲积平原，农田多、建设用地少，基本农田达到耕地总量的96%。如果以相对集中的农民小区式建房，规范村民集中居住，将打破原有村庄布局，群众积极性不高，且30户以上集中连片的建房点占地较多，会导致占用基本农田，土地利用总体规划调整难度较大。再加上集中建房周期较长，手续繁杂，既要吸引群众迁入，又要统筹安排建设工作，任务十分艰巨。

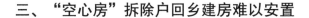

三、"空心房"拆除户回乡建房难以安置

"空心房"整治过程中存在部分进城入住村民，其闲置在农村的旧房破败不堪，无人监管，存在较大的安全隐患，又不愿意拆除的现象。其主要原因是进城村民无法完全融入城市，享受和城市居民一样的社会保障和公共服务，难以放下包袱，怕一旦拆除了村里又不给他分宅基地，再加上一些年长村民的乡愁和"根"的思想，且拆除户回乡建房难以安置，导致整治工作难以全域清零。

四、整治资金财政兜底压力大

湘阴县农村"空心房"2017年6月份以来摸底数据显示为150万平方米左右，到目前为止拆除9692栋，144.34万平方米。而整治资金主要一是按照我县制定的《农村"空心房"整治工作实施方案》，50元/平方米，需要拨付到农户资金7217万元，平均7500元/户。二是由各乡镇自行组织统一拆除，动用挖机台班7600台次，运输车辆近20万台次，仅拆除机械费用近3000万，拆除及清运费平均达21元/平方米。三是对拆旧片块实施综合整治进行复垦复绿项目资金（增减挂钩1607亩，1.8万/亩）2900万元，对拆旧片块周边未利用地连片整治（宅基地退出复垦1680亩，0.9万元/亩）1500万元。四是对乡镇激励奖金（增减挂钩10万/亩包干，宅基地退出复垦平均3万元/亩）需1.7亿元。以上四项全县由县财政兜底要拿出3.1亿元，整治资金财政兜底压力很大。

五、部分示范片区不具代表性

湘阴县选择的三个示范片区，其中白泥湖园艺场片区居民点比较集中，"空心房"闲置面积大且集中，通过整治复垦建设高标准农田，新增耕地面积730亩，腾出建设地面积120亩，取得了良好的经济效益、社会效益、生态效益和示范效益。但是金龙燎原片区一共拆除"空心房"9栋，拆除面积只有1072.8平方米。拆除后的土地除了村民自建新宅外，一部分改建为小型文体广场，其余建筑拆除后复垦为旱地，腾出建设用地只有872.8平方米，新增耕地872.8平方米，很难形成农业规模效益，整治成效不大。同样六塘金珠口片区只拆除"空心房"11栋，但集中建房的"兰岭人家"规划面积却有30余亩，规划集中建房50栋，远远超过了之前的农村居民点用地面积，

不仅没有达到集约节约利用土地的目的，反而需要投入大量的资金、土地，整治效益不高。

第三篇
经验借鉴与评价反思

第五章

国内外案例与经验

　　农村"空心房"的大量存在，一方面影响了村容村貌，存在安全隐患，另一方面又浪费了大量的土地资源，严重阻碍了农村经济社会的可持续发展。各地纷纷出台各种政策、措施，开展农村"空心房"综合整治的实践，力图以"空心房"整治为抓手，提高节约集约用地水平，改善农村人居环境，建设美丽乡村，推动乡村振兴。此外，很多国外发达国家也经历过乡村大规模人口迁移、乡村土地建设的过程，这些国家和政府也曾提出过一些解决策略和方式，这也可以为湖南省农村"空心房"整治和乡村治理提供一些经验借鉴。

第一节　国外乡村治理经验

　　乡村城镇化贯穿于整个人类文明，很多国外发达国家和发展中国家都有经历乡村大规模人口迁移、土地乡村建设的过程，只是国情、国际环境、经济发展状况、制度规章规定、生产劳作方式的不同，各个国家出现的情况不同，解决策略和方式也各具特色。例如始于20世纪50年代法国的"农村改革"与"领土整治"、德国的城乡等值化运动、荷兰的城乡一体化运动、70年代韩国的"新村运动"、21世纪初英国的"嵌入式发展"等。尽管发达国家的基础设施、农业生产方式以及农产品流通渠道等都发达许多，但国家对农民仍然有很大需求。总的来看，国外的做法主要是在政策、资金等方面激励人们从事农业。本文拟通过分析韩国"新村运动"、荷兰城乡一体化、法国"农村改革"、德国城乡的等值化运动以及英国乡村"嵌入式发展"等在乡村治理以及乡村发展方面的做法，为湖南省农村"空心房"整治和乡村治理提供一些经验借鉴。

一、韩国"新村运动"

1. 运动方式与过程

南北韩内战后，韩国工业快速发展，但农业的发展却一直落后于计划指标，导致工业与农业之间发展严重失衡，农户年均收入仅为城市居民收入的61%[1]，这种工农业极度失衡状态和城乡居民收入差距，使得大批农村人口迁往城市，农村适农人员减少，农业发展停滞，出现"空心化"现象。1971年，韩国政府正式发起"新村运动"，将"摆脱贫困，开发地区社会"作为目标，实施一系列的开发项目，以政府支援、农民自主和项目开发为方式和纽带，号召农民因地制宜，进行各种改造和建设项目，带动农民自发地建设家乡，引导农村地区的综合开发。

"新村运动"发展过程分为三个阶段[2]：第一个阶段是1970—1980年，该阶段主要是由政府主导的全国性运动，工作重点在于农村基础设施建设，主要内容和目标是进行农村基础设施建设，改善农民的居住条件，改变农村的落后面貌。通过评比，将所有村庄按照村民的参与程度由低到高划分为基础、自助、自立三个等级，并按照等级给予不同的支持。在第一阶段，政府通过无偿提供水泥、钢筋等物资，大大激发了农民自主改善生活和生产环境、共同建设家乡的积极性和合作精神，初步改善了农村的居住条件和基础设施。1973年全国农村中约1/3的村被划成基础村，此后，基础村迅速减少，到1978年基础村已基本消失，约有2/3的村升为自立村。第二阶段是1987—1988年，该阶段的"新村运动"由政府主导逐渐向民众推广转型，通过设立"新村运动"民间组织，村民自行主导乡村建设，调动了农民自觉自主参与的积极性，也能够切实地解决实际问题而避免官僚主义所带来的缺陷。这一阶段的工作重点在于缩小城乡收入差距，继续改善农渔村居住环境。在这一阶段，韩国政府推出了渔民收入计划，支持农村调整农业结构，因地制宜开发区域特色产品，从而产生很多"专业村"，同时通过改造大批农村危旧房以及完善农村公共设施建设来提高农民生活质

[1] 崔亚凝，刘文泽，张远索. 韩国"新村运动"及其对中国村庄整治的启示 [J]. 世界农业，2016(09)：45-49.
[2] 李水山. 韩国的"新村运动" [J]. 中国改革：农村版，2004(4)：56-57.

量。第三阶段从 1989 年至今，为"新村运动"的消退期。1988 年韩国第六共和国成立，随之揭发了新村腐败案，因此新村运动受到了严重的打击。

"新村运动"内容涉及多个方面，其成效包括了农村地区生产生活环境大幅度改善、发展了农产品商业与农村金融业、农民的收入以及科学素养水平的提高。"新村运动"的推动，大大完善了农村基础设施的建设，增强了农业发展动力，使得韩国农业在较短的时间内实现了现代化[1]。

2. 模式特点

赋予激励机制，调动人的积极性，这是韩国"新村运动"较为特殊的一点。与其他地区的平均主义不同，韩国政府在"新村运动"初期对农村提供了一定的财政、物资和技术上的支持，但是这种支持并非平均主义，而是通过评比，引导村庄之间的公平竞争，利用奖优罚劣的方式引导人们积极参与，充分调动农民的积极性[2]。

推动城乡公共服务均等化。韩国政府面对当时落后的农村状况没有选择大拆大建，而是在"新村运动"的第一阶段将工作重心放在农村建设上，通过在农村建设中投入专项资金与物资，加强农村基础设施建设，加强乡村的教育、医疗、生产条件的建设，引入以农产品加工业为主的农村工业，改善农村居民环境，带动乡村发展、农村居民收入的提升。

发动民间组织参与"新村运动"管理。在运动第二阶段，韩国政府创立了全国性的民间组织——"新村运动中央本部"，形成了自上而下的民间组织全国性网络，并配套制定相关组织培育法，通过发动民间力量主导"新村运动"，消除原来官方主导中出现的官僚作风、脱离地方实际等一系列问题。

韩国"新村运动"从计划到落实均由农民自作主张，从意愿到推动均由农民自主选择，始终维护和发挥了农民的主体地位。这就启发我们在进行农村"空心房"综合整治的过程中，要注意激发起农民团结协作的主人翁意识，通过广泛的社会动员和强大的集体教育，引导村民积极参与整治过程，政府主要负责行政、财政和技术支援，起到发动、引导、支持和推动的重要作用，最终实现城乡互动、官民合作，有效推动

[1] 卢志峰. 新型城镇化背景下"空心村"治理的路径选择研究 [D]. 安徽师范大学，2017.
[2] 李仁熙，张立. 韩国"新村运动"的成功要因及当下的新课题 [J]. 国际城市规划，2016(06):8-14.

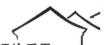

"空心房"整治工作的顺利进行。

二、荷兰城乡一体化

1. 做法与过程

荷兰人多地少，是一个典型的高密度发展国家。20 世纪初，荷兰大量农业人口转向城市，引起了城市无序发展以及农业发展停滞的问题。因此在 20 世纪 50 年代，荷兰采取了一系列城乡协调发展的政策以控制城市的发展和保障农业的生产。时至今日，农业在荷兰的国民经济中占有十分重要的地位，其国内生产总值的 10% 出自农业部门，是世界第二大农产品出口国[1]。荷兰农业发展的成功，城乡一体化协调发展是其中一个重要的因素，其内容主要可以分为发展现代化农业以及城乡土地利用规划两个方面。

荷兰的现代化农业发展，主要表现在农业生产的设施化、工厂化、组织化和科技化上。在植物生产上，通过智能温室的建设进行蔬果、花卉等高经济价值农作物，实现全天候生产。同时引入无土栽培技术，节省了大量土地，同时极大提高了农业生产效率，这种智能温室与无土栽培技术的结合，使得园艺业仅用 5.8% 的农用地即可产出 35% 的农业总生产值[2]。而在乳业生产上，通过机器人饲养和挤奶的方式，有效地提高了奶牛的产奶量和质量，并且有效地提高生物防病能力。

在农业销售等方面，荷兰形成了一种"巨型合作社支撑农业产业链"的模式。荷兰农业合作社的具体形式包括采购、销售、信用和服务合作社四种，其职能涵盖了农业原料采购、农民金融、农产品销售以及农机服务、农产品储运与加工等多个方面，支撑起了农业的整个产业链。以乳业为例，荷兰乳业合作社给予了奶农一个统一的销售平台，而这种合作社并非国内单纯的统销统购形式的合作社，而是拥有牛奶定价、监督奶农生产等权力，并且可以向农场征收运营的固定成本，以确保合作社会员农场的最低产量。相应的，合作社会给予农场技术、市场营销、金融等各个方面的支持，同时作为整合了国内绝大部分的乳业资源的巨型合作社，它可以在欧盟乃至国际上拥

[1] 吴文媛，党国英. 城乡一体化发展要义 [M]. 浙江大学出版社，2016.

[2] 汤进华. 荷兰城镇化进程中农业结构调整的实践及其对上海的启示 [J]. 中国农学通报，2014，30 (17):51–56.

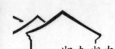

有较大的话语权，以保障国内奶农的利益。

在城乡土地利用规划方面上，荷兰实现了土地使用规划在乡村地区的全覆盖，并明确了乡村地区的开发计划必须与土地使用计划相符合。纵观荷兰乡村地区的规划形式，主要是"土地整理"与"土地开发"两种。前者是指减少碎片化农田、修建道路、优化土壤和水质，以创造更好的农业生产条件，是一种结构性的农业优化措施。后者除了关注农业生产功能，还注重自然保护、景观发展、户外娱乐等功能，是一种综合性的乡村发展手段[1]。荷兰20世纪经历了从土地整理向土地开发的政策演变过程，该过程可以分为三个阶段。第一阶段是"二战"前，主要通过重新分配土地、乡村基础设施建设提高农业生产率。第二阶段是"二战"后到1985年，该阶段是土地整理与土地开发并举，以土地整理作为农业政策基石，提高生产率，同时向多种土地利用方式过渡。第三阶段是1985年至今，随着农业机械化，农业生产所需土地得到节约，因此该阶段是重视非农化的多种土地利用以及环境的保护。以斯滕韦克兰自治市羊角村整治为例[2]，畜牧业为当地主要产业，但是村内水道湖泊众多，且地下水位高，不利于畜牧业的发展。在土地整理第一阶段，村内首先通过基础设施建设，建设抽水站，改善农业生产条件，为畜牧业机械化生产提供基础。第二阶段通过农场布局调整和土地规划，使得农户更接近自己土地，并放松旅游设施等非农设施的建设限制。第三阶段通过土地开发规划，将农业、生态保护和旅游休闲用地整体分离，把旅游休闲区限制在一定区域中，使得农业不会被旅游业影响，保障了农业生产安全与效率。通过土地整理与土地开发，该乡村地区实现了地域上的分区化和产业上的专门化。农业地区通过土地开发规划的实施获得了更为集中的土地和更好的生产条件，自然保护区内农业生产用地被调整减少并被限制在合理的范围内，旅游休闲业取得了与当地农业发展的协调。

此外，在荷兰的土地规划政策中，荷兰的土地使用规划编制与执行主体均由自治市一级实施。当自治市的土地使用规划经过省政府批准后，便成为法律文件，其覆盖地区范围内任何开发建设必须与规划相统一，甚至省级和国家级项目也必须在土地

[1] 张驰，张京祥，陈眉舞. 荷兰城乡规划体系中的乡村规划考察 [J]. 上海城市规划，2014(04):88-94.

[2] 张驰，张京祥，陈眉舞. 荷兰城乡规划体系中的乡村规划考察 [J]. 上海城市规划，2014(04):88-94.

规划限定范围内开发。这种依托法律执行的方法来严格实施的土地使用规划，对于土地利用的管理以及农地的保护起到了很好的效果。

2. 模式特点

依托巨型农业合作社促进农业生产现代化。荷兰农业在 19 世纪也呈现小而散的特点，但这种特点非常不利于农产品的销售，于是荷兰农民普遍参与了农业合作组织，保证农产品的销售。随着中小农产品合作社和企业的逐步兼并，在国内出现了巨型农业合作社。巨型农业合作社的出现方便了农业技术和机械的推广，同时合作社通过制定农产品质量的相关规定，倒逼农户自行提升种植水平与质量，并通过信用合作社的模式，向农户提供资金保障，为农业现代化减少了障碍。从荷兰经验来看，现代化农业带来了农村生产力的提高，这必然为农民致富创造条件，而一旦农民有了好的收入，他们就能拥有更好的生活环境与社会地位，有钱投资扩大自己的生产。而这一切又将进一步增加其收入，形成良性循环[1]。

高新技术应用于农业生产，极大促进农业生产效率。在荷兰农业生产中，高新技术的运用对促进荷兰国内农业发展具有很大的作用。比如智能温室的运用使得农业生产可以全年进行；无土栽培技术使得农业生产摆脱了对土地的依赖，极大节约用地；乳业机器人的使用使得荷兰乳业摆脱了对劳动力的依赖，有效提高产量与质量，并且避免了传染病的威胁。目前我国科技水平处于世界前列，但是很少应用于农业生产方面，因此荷兰的相关做法值得借鉴参考。

严格而规范的土地管理制度。荷兰在 20 世纪 70 年代已经实现了土地利用规划对与乡村地区的全覆盖。荷兰通过将土地规划上升为法律文件的做法，通过法律的执行来严格控制土地的使用。此外，对于农牧地，任何涉地建筑额度建设都需要政府的许可、监管和审批，并且详细建档。任何农地非农化都不能违反土地使用规划。也正由于此，荷兰从没有任何农地保护政策以及任何数量指标限制农地转换，但依靠严格的土地使用规划及其配套监管措施，成功管理了每一块土地的利用。

[1] 潘治，洪天牧. 荷兰：发展现代化农业实现城乡一体化[J]. 农村 . 农业 . 农民 (A 版)，2013(08):48-49.

三、法国"农村改革"

1. 改革方式与过程

20世纪50年代，法国处于战后快速恢复时期，经济社会快速发展，农村人口大量迁往城市，农业人口大大下降，出现农村发展缓慢、农产品供应不足的现象。同时法国农业在二战前后以小农场为主，小农场数量多而面积小，集约化和专业化程度都比较低，这也导致城乡之间、工业地区与农业地区之间发展很不平衡。因此，法国开展了"农村改革"之下的"领土整治"工作，其内容主要包括三个方面：一是鼓励发展农村工业、商业，通过在农业地区以及山区农村开辟新的工业区，设立"地区发展奖金"，通过国家财政补助方式鼓励在这些新工业区投资建厂的企业；二是恢复发展农手工业，通过国家设立"手工业企业装备奖金"，鼓励在农村和乡镇及新兴城市附近发展手工业企业，面向的对象主要是适合农村需要的农产品、食品加工业和小型加工工业；三是通过补助农民购买现代化装备，提升畜牧业生产现代化水平，大力发展农业畜牧业[1]。通过"领土整治"工作，到20世纪70年代，法国西部地区基本实现工业化，中部山区农村建设也有较大进展，农村落后面貌基本得到了改变。

"一体化农业"发展也是法国"农村改革"的一个主要内容。"一体化农业"是指在生产专业化和协调基础上，由工商业资本家与农场主通过控股或缔结合同等形式，利用现代科学技术和现代企业方式，把农业与同农业相关的工业、商业、运输、信贷等部门结合起来，组成利益共同体[2]。同时国家还采取补贴、投资、减税等经济政策，支持农业生产有关的部门发展，依托产业链与农业的一体化，加强对农业的支持和反哺。

总的来说，法国的"农村改革"措施与我国社会主义"新农村"建设具有一定的相似之处。法国在开展"农村改革"的过程中，特别强调政府对农业的支持与干预，主张对农村地区从财政、技术、土地规划等方面进行大量援助，并且完善农村教育、科研与农业科技推广体系，实施农业保护政策促进了农村地区的发展。

2. 模式特点

---

[1] 周建华，贺正楚. 法国农村改革对我国新农村建设的启示 [J]. 求索，2007(03):17-19.
[2] 周建华，贺正楚. 法国农村改革对我国新农村建设的启示 [J]. 求索，2007(03):17-19..

重视政府的作用，注意协调区域经济发展。法国在"农村改革"之初，城乡差距扩大以及区域发展不平衡的问题与中国现状相类似。在农村整治过程中，法国政府将自身的主要职能定位为向农村提供公共服务。法国一方面通过鼓励工商企业在农村进行投资建设、鼓励农村本地工商业发展以及鼓励农业规模化发展的方式来加快对传统农村地区的改造，同时保持政府职能不越位，这对于中国来说也是具有较强的可操作性以及参考价值的。

促进农工商结合的一体化农业。法国在国内农业工业化比较薄弱的阶段，利用政府减税、补贴等经济手段，积极引导工商企业进入农业领域，以工业带动农业现代化，以商业促进农产品流转，形成农、工、商相互渗透，产、加、供、运、销联成一气的一体化的经营模式[1]。这种一体化农业模式对于中国来说是具有很大的借鉴意义的。

四、德国城乡的等值化运动

1. 运动内容与过程

"二战"后经济复苏时期的德国，农民仅靠农业生产难以维持生计，选择卖掉田产涌入城市寻找就业岗位，大量农村人口无序涌入城市，加剧了城市就业、治安等问题，城乡矛盾十分尖锐。因此，德国赛德尔基金会在1950年开始倡导的城乡等值化，并在巴伐利亚州开始进行实践，其核心是城乡居民具有相同的生活条件、工作条件、交通条件，保持和建立同等的公共服务，通过土地整理、村庄革新以及空间发展规划，落实城乡协调发展理念。它是通过逐渐缩小城乡社会经济发展程度及生态基础设施享用水平，从而加强城乡相互依存关系，促进城乡发展更趋协调的一种城乡规划模式。城乡等值化模式在巴州实验取得成功后，逐渐向全德国进行推广，并在1990年起成为欧盟农村政策的方向。

乡村土地综合整治，是城乡等值化的重要发展手段。在巴伐利亚州的实践中，乡村土地综合整治主要包括农地整理与村庄更新两项措施[2]，其实践内容主要分为两个过程。

---

[1] 周建华，贺正楚．法国农村改革对我国新农村建设的启示 [J]. 求索，2007(03):17-19.

[2] 毕宇珠，苟天来，张骞之，等．战后德国城乡等值化发展模式及其启示——以巴伐利亚州为例 [J]. 生态经济，2012(05):99-102.

第一阶段是提高农业生产力，建设基础设施阶段（1950—1975 年）。战后德国缺衣少粮，因此模式实施之初主要目标是提高粮食产量，保障社会需要。初期主要通过平整农地、修建农民住房等简单的土地整理来发展农业生产力，随后增加了交通、通信等基础设施建设的任务，为农村工业化发展创造了条件。但是运动的第一阶段一味追求农村经济功能，导致村庄建筑密度很大，土地过度开发，土地使用矛盾加剧，破坏了很多传统村庄原有的风貌。

第二阶段是建立法律、资金保障，引入景观规划的阶段（1975—1992 年）。第二阶段主要是通过制定《村庄改造条例》，明确各级财政在土地整治中的承担责任，并将包含环境承载力评价、乡村地域性资源优势，以及弥补战后重建对乡村环境景观造成的损失三大内容的 1982 年乡村景观规划作为强制性规划，融入乡村土地综合整治程序。

第三阶段主要是公众参与项目规模扩大阶段（1993 年至今）。这一阶段主要通过在乡村土地综合整治中引入公众参与理念，把乡村规划从传统物质规划变为人本规划。其主要做法包括组建乡村发展培训学校，提高公众参与意识、村民参与乡村发展规划编制当中，保障规划的公共服务属性。21 世纪后，巴州人口增长率下降，加之经济危机，乡村居民重新流向城市，因此巴州提出了新的扩大土地综合整治项目区规模，跨村庄合作发展，以乡镇为单位，制订符合各地特点的产业发展方向和土地利用规划，提高乡镇竞争力，促进地方区域经济发展新的土地整理模式。

德国通过城乡等值化运动，乡村发展水平稳步提高，巴伐利亚州经过乡村综合整治项目的乡镇经济发展水平平均提高 15%，城乡 GDP 在 2010 年仅差 0.1%，实现了城乡居民生产、生活条件等值化的发展目标。

我国山东省南张楼村 20 世纪 80 年代与德国赛德尔基金会合作，试图通过复制等值化模式来推动中国乡村发展。德方通过一系列项目开发，与当地的农村干部一同彻底改变了南张楼村的面貌，部分实现了德方在中国北方建设一个新的农村和发展的目标，从而为中国新农村建设的发展模式提供了有益的借鉴[1]。

---

[1] 邹勇文，汤慧 . 中国式"巴伐利亚试验"的实践及对新农村建设的启示 [J]. 江西社会科学，2006 (10):151−154.

2. 模式特点

城乡等值化的发展原则，是城乡统筹发展理念的另一种表达，它的特点就是完善农村居民生活基本设施建设，保障农村城市生活等值化。德国战后结合村庄城乡发展差距大的现实状况，一方面首先完善农村医疗、教育、卫生等基本生活设施建设，保障农村居民生活能与城镇居民基本设施等值化。随后通过科学编制农村规划，包括农村的景观、用地和产业规划，将乡村规划融入乡村整治与美化工作当中，实现农村与城市的生活等值化。而面对近年农村地区的再度衰退，德国政府通过多村庄联合规划、制定地方特色产业规划，再度促进农村地区的发展。德国战后通过城乡等值化运动，农村与城市差距逐渐缩小，城乡发展趋向协调。城乡等值化模式随着实验的成功而随之推广，已经得到欧洲的认同。因此，结合我国农村基础设施等方面还与城市具有明显差距的情况下，城乡等值化的理念内涵很值得参考。

五、英国"嵌入式发展"

1. 模式内容与过程

在城乡规划体系方面，英国做法比较成功，是世界上第一个建立完整的城乡规划体系的国家[1]。

18 至 19 世纪的工业革命，使得英国工业化迅速，农村大批剩余劳动力不断涌向城市，农村出现发展缓慢、人口"空心化"的现象。随后的一战将英国农业产品过度依赖进口的现象暴露无遗，凸显了英国在乡村政策以及农业发展方面不足。因此，为在城镇快速蔓延中保护国内农业发展以及农村环境，英国在20世纪30年代颁布了《城市和乡村规划法案》和《限制带状发展法案》，并在 1947 年的城乡规划法案中延续这种土地发展概念。这一系列法案对乡村地区的开发建设采取了严格的控制政策，对于保护乡村环境起到了重要作用[2]。但这种规划制定与发展控制割裂的规划政策，明显阻碍了英国乡村地区的发展。英国政府在 2000 年发布的乡村白皮书中明确指出，这种规划体系已经不适合现代的发展[3]，它使得农村居民与城市居民在人均收入、设

[1] 廖玉姣，李佑静，沈红霞 . 英国城乡规划实践及其启示——以重庆为例 [J]. 河南科技大学学报（社会科学版），2011(02):80-82.
[2] 龙花楼 . 英国乡村发展政策演变及启示 [J]. 地理研究，2010.
[3] 吕晓荷 . 英国新空间规划体系对乡村发展的意义 [J]. 国际城市规划，2014(04):77-83.

施水平、社区组织等方面差距显著。因此，英国政府在 2004 年颁布了《第 7 号规划政策文件：乡村地区的可持续发展》，主张注重城乡之间的融合和发展，并提倡"嵌入式"的发展模式，这种模式强调农村地区的多样化发展以及发展活力，特别要做好农村地区的规划和管理。

"嵌入式发展"是指在乡村地区一旦有新的开发建设需求，首先考虑将新开发项目的选址安置在就业岗位和住宅、服务业和其他公共设施相对集中的住宅小城镇和村庄的中心地区，通过科学规划以及项目密度的限制，将开发项目"嵌入"在城镇以及村庄范围内。同时对"嵌入式"发展项目面积进行了限定，项目重建或扩建要注重与原有风貌、自然环境相协调，保证乡村的完整性和固有特色，并且原则上不鼓励拆除原有建筑，倡导新建部分在规模和设计上要和原有建筑相协调。

2004 年，英格兰政府出版的《乡村战略》进一步确定了农村多样化发展的思想，提出了乡村政策三个方面优先考虑问题[1]：一是通过帮助商业发展、提高农民技术水平以及构建地方机构职能，在有存在最大需求的地区（落后地区）支持企业发展，锁定资源；二是对乡村提供平等的机会与服务，确保生活在乡村的人们与城市居民得到相同的尊重；三是通过一体化的管理来保护自然环境，确保更多来自不同环境背景的人可以游览与享受乡村生活，避免乡村田园建设成为"富人养老地"。这种"嵌入式"发展模式，既不会对周边的土地和环境造成破坏，也有利于遏制土地资源的闲置和浪费。这不仅有利于提升农村空间特征，同时通过开发项目的引进，缓解了"空心化"的演进，也有效地促进了农村产业结构的调整，实现了农村经济的发展和繁荣，保持了农村活力和科学持续性的发展。

2. 模式特色

英国"嵌入式"发展的特色，总的来说就是政府通过合理规划产业发展，安排适当的开发项目入驻农村或者小城镇，以产业项目带动农村地区发展。这要求政府首先完善农村的基础设施建设，对农村地区居民提供平等的教育、医疗等设施服务，并通过自然环境的保护来吸引城镇居民游览与享受乡村生活，带动农村与城镇人员相互

[1] 周游. 广东省乡村规划体系框架的构建研究 [D]. 华南理工大学，2016.

流动，同时合理安排项目落户农村地区，促进农村地区发展。

第二节　国内农村"空心房"整治经验

近年来，国内部分省市结合乡村振兴、农村土地制度改革等多个方向，进行"空心房"的整治，其中不乏可圈可点的"空心房"的整治经验。本节选取浙江省义乌市、山东省潍坊地区和单县、江西省余江区、福建省上杭县五个例子，通过分析总结其"空心房""空心村"整治中先进经验做法，从而为湖南省农村"空心房"整治工作提供新的思路和有益的思考。

一、浙江义乌"分区域、分模式"乡村治理

1. 义乌市基本情况及整治背景

义乌市是浙江省金华市下辖县级市，位于浙江省中部，是浙江四大区域中心城市之一，也是全国农村土地制度改革试点地区之一。1999 年进行的大陈二村旧村改造开始了义乌市旧村改造工作，并在改造过程中形成以村为单位、统一规划、全拆全建的改造模式。经过十余年的旧村改造以及村庄整治实践，到 2010 年，义乌市先后完成了 200 多个村庄的旧村改造以及 538 个村庄的村庄整治，几乎涵盖义乌所有的村庄。但由于义乌地区"画大圈"式不断向四周扩展，导致原来旧村保留了大量残破建筑，形成"空心房"。义乌市农业办 2010 年调查发现，全市完成村庄整治中的 528 个村庄，存在着不同程度的"空心村"现象，造成土地资源的大量浪费[1]。因此，义乌市在 2010 年中出台了《关于开展农村"空心村"改造的实施意见》，开始义乌市的"空心村"整治。

2. 整治方式与过程

经过多年治理实践，义乌市形成了一种"分区域、分模式"整治方法。即根据不同区域农村的特点与规划要求，实行不同的"空心村"整治模式：城镇建设红线以

---

[1] 蔡小玲. 城乡一体化背景下的义乌市"空心村"现象的原因分析及治理措施 [J]. 安徽农业科学，2012(12):7246-7249.

内的村庄，统一实施旧村整村改造以及城乡社区集聚建设；边远山区的村庄，试行"异地奔小康"模式；其余地区结合村庄自身特点进行"美丽乡村"建设的村庄整治模式[1]。三种模式具体做法如下：

（1）整村改造，社区集聚建设模式

城乡社区集聚建设，是指按照价值置换方式，实行多村集中联建，采用高层公寓加产业用房、商业用房、商务楼宇、货币等多种形式置换宅基地和农村旧房，推动农村向社区转变，农民向市民转变的城市化模式。

义乌市 2010 年开始进行"空心村"改造，但由于"空心村"改造一开始采用按户建四层半联体楼的旧村改造建设模式，导致新村建设用地规模大幅度超过村庄原来的建设用地规模，村庄建设与城市建设用地的矛盾严重凸显[2]。因此，义乌市政府在2013 年出台《义乌市城乡新社区集聚建设实施办法（试行）》，开始探索城乡新社区集聚建设模式进行乡村治理的方法。

城乡社区集聚建设模式的具体做法，首先是市规划部门依据城市总体规划和土地利用总体规划设立城镇建设红线，红线内村庄经过村民户代表、镇街以及市相关部门同意，即可参加集聚建设。集聚建设实行整村集聚，按人口或者宅基地面积按照一定比例置换为高层公寓，置换后有剩余面积的，可以按一定比例置换为产业用房、货币等。房屋置换前必须进行农村房屋拆除以及由政府收回原有宅基地。置换所得高层公寓，按所在土地性质决定是否可以入市交易。同时，参与城乡新社区集聚建设而退出的宅基地经过复垦验收后，若新农村建设地块新增建设用地小于复垦退出宅基地的，差额部分通过发放"集地券"归村集体经济组织持有。"集地券"可以上市交易、抵押融资等，保障了集体经济财产。

新社区集聚建设模式将村民的居住空间从"平面摊开"变为"立体发展"，一方面通过安置村民搬进多层公寓，能够大幅度减少农村建设用地规模，同时通过社区建设和项目引进，推进近城郊区的城市化发展。以月白塘村项目为例，政府核定用地

[1] 顾龙友. 对农村宅基地制度改革试点实践的思考（上）——基于 5 县（市、区）的调查 [J]. 中国土地，2017(12):25-27.
[2] 吴广艳，张俊芳，谭剑，等. 也谈义乌乡村建设的模式 [J]. 规划师，2017(08):144-148.

34000 平方米，实际用地为 27200 平方米，节地 6800 平方米；其规划用地的 65.3%被用来建设高层公寓和标准厂房，实际上已经改变为生产经营用地，其出租收入为村民带来财产性收入的增加。

全拆全建的旧村改造模式在义乌的城镇化与经济社会发展中发挥着积极的作用。但"全拆"造成的可用房屋资源及基础设施的浪费和历史文化的损失，"全建"造成财政上的压力，这也是它的弊端。虽然如此，城乡新社区集聚建设模式无疑是提供了一种实现节地、富民、有利于工业园区发展的多赢的空间形式，探索了一条更适合农民的城市化和城乡一体化的道路，仍具有一定的参考意义。

（2）下山脱贫，"异地奔小康"模式

边远山区村庄由于青壮年劳动力的大幅度流出，形成了村庄空心化、人口老龄化的问题。义乌市于 2009 年出台《义乌市"宅基地换住房、异地奔小康"工程实施办法》，开始实施"异地奔小康工程"。"异地奔小康"是针对这些地处偏远、人口稀少、自然承载力弱的边远山区村庄的农村整治模式。其核心是"下山"，主要方法是根据群众意愿进行搬迁进城，与城乡新社区集聚建设模式相似，都是采用拆建的方法进行治理。工程分为集中安置模式、货币补偿安置和就近行政村安置三种类型。

2016 年末，义乌市结合宅基地改革，进一步出台了《关于推进"宅基地换住房、异地奔小康"安置工作的若干意见》（以下简称《若干意见》）。《若干意见》的安置补助比原来提高了一倍，并规定异地奔小康范围内的村民，可以选择将宅基地及其旧房按一定比例置换为城乡社区集聚建设的高层公寓或者进行货币化安置补偿。异地奔小康范围内的村民还可以按照相关要求享受旧房拆除奖励、宅基地复垦补助以及权益面积调剂等优惠政策。除此以外，与集聚建设模式相同，若新农村建设地块新增建设用地小于复垦退出宅基地的，差额部分可以折算为"集地券"返还给村集体经济组织持有。

"异地奔小康"模式对于整治山区"空心村"的效果较为显著。2009 年实施"异地奔小康"后，大陈、佛堂等 5 个镇分别实施了三期异地奔小康工程，有 8 个村完成整体拆除，3000 多名山区农民搬入安置小区，完成退宅还林或还田复垦面积 274.7 亩[1]。

---

[1] 吴广艳，张俊芳，谭剑，等 . 也谈义乌乡村建设的模式 [J]. 规划师，2017(08):144-148.

而在《若干意见》出台后，全市共有 5 个新建"异地奔小康"工程，总投资 24.36 亿元，总建筑面积 85.88 万平方米，签订置换协议并缴纳保证金的农户 5400 人。

"异地奔小康"模式有效地解决了边远山区"空心村"问题。通过异地搬迁，将山区的贫困群体安置入城，以房产或者货币的方式与其原有宅基地和旧宅进行置换，使其原有宅基地和旧房的经济价值得以实现，起到较好的节地和扶贫效果。

（3）产业发展，美丽乡村建设模式

义乌市 2008 年出台了《义乌市村庄整治建设工作指导手册》，出现了一批围绕产业发展规划进行村庄整治建设的案例，并将村庄整治建设工作由以单个村庄为单位向以村庄群为单位转型。与全拆全建的旧村改造模式不同，村庄整治工作是在保留村庄原有形态的前提下进行的。通过"一业为主，多业互动"的发展思路，利用村庄各自的资源优势，选择某一产业作为一个村庄的主导产业，配合服务业等相关产业，将村庄发展与产业发展融合起来。

缸窑村是一个依托制陶业兴起的村庄，村中存有最为完好、规模最大的古陶窑，依据村庄的特点和资源优势，该村提出以独具陶文化特色的旅游业为缸窑村的主导产业，同时发展生态农业、工业和相关服务业，成为村庄的一大特色。通过乡村整治工程，缸窑村在 2016 年成功列入第四批中国传统村落名录，并有安徽商会、恒风集团等总投资达 1.8 亿元的 4 个旅游项目入驻缸窑村。这种以旅游业为主导、多业互动、有机复合的产业发展体系具有很强的可操作性，有利于破解农村经济发展所面临的诸多难题。

义乌市针对城镇规划建设用地红线范围外的农村（不含"异地奔小康"村庄），在 2017 年末出台了《义乌市农村更新改造实施细则（试行）》，通过积极引导村民采用权益置换、集中统建、多户联建、货币补偿等多种方式，实现宅基地权益和"户有所居"，同时提出鼓励自然村向中心村集聚，逐步探索宅基地跨村审批制度、鼓励充分利用低丘缓坡等非耕地建设特色坡地村镇、以优化农村和社区布局规划来完善农村和社区空间布局、规模及时序，并结合义乌市农村危旧房进行改造拆除政策，鼓励危旧房农民自愿退出宅基地。

在开展村庄整治更新的 30 个村中，通过农村更新改造措施，人均用地面积 110

平方米降至 100 平方米，可节约用地 135 亩以上，同时通过"集地券"的集中收纳整治，预计可盘活农村存量建设用地 2000 亩以上，节地效益非常显著。总体而言，村庄整治模式的不同之处在于"以业兴村"的村庄整治规划的总体思路原则。即在村庄现实情况上，通过现代化的产业、生活方式融入村庄，推动农村的发展。同时结合旧房改造与土地复垦，优化农村的布局和规模，利用节约所得建设用地引入产业项目，增加村民与村集体经济组织的收入，促进集体经济的发展。

3. 模式特色

因地制宜，分模式整治凸显乡村整治针对性。针对城镇红线范围内村庄农村非农化现象非常普遍、非农化与城市化不同步的现象[1]，义乌市采取"全拆全建"的旧村整村改造、城乡新社区集聚建设模式进行乡村治理。该模式取得了很好的效果：一是通过近郊农村的城市化，实现了农村土地的节约集约利用，也防止了城市扩展中出现"城中村"的问题；二是通过节约所得的建设用地投入工业园区建设，实现了城镇产业发展；三是村集体通过"集地券"的交易，实现了村集体经济增收。"异地奔小康"模式是针对山区村庄人口老龄化、空心化问题而设计的。该模式关键在于"宅基地换住房"，即鼓励山区村民自愿将宅基地与安置小区高层公寓进行置换，实现村民"下山"的目标。这种模式有效地将异地扶贫政策与农村土地整治工作结合起来，通过山区农民退出宅基地置换租房，对山区低效利用的建设用地进行复垦还林，从而腾出建设用地指标用于城镇发展，并通过"集地券"制度实现了村集体和农民经济增收，这对于山区土地资源的高效利用，人口扶贫具有很好的作用。此外，对于旅游、工业等资源优势较为明显的村庄，义乌市结合"美丽乡村"建设进行乡村的整治工作，通过引入产业项目，大力发展乡村旅游，实现了村庄的活化与经济发展。

产业兴村，以经济发展促农村振兴。在村庄整治模式中，义乌在村庄整治规划中提出"一业为主，多业互动"的发展思路，即利用村庄各自的资源优势，选择生态农业、旅游业或者工业作为一个村庄的主导产业，配合服务业等相关产业，以产业发展推动村庄建设的规划建设。同时结合旧房改造和土地复垦项目，使得村庄整治模式

[1] 蔡小玲. 城乡一体化背景下的义乌市"空心村"现象的原因分析及治理措施 [J]. 安徽农业科学，2012(12):7246-7249.

从过于偏重村庄的居住功能和物质空间整治建设，转向更多地关注村庄的产业发展和人的发展，延续了村庄自然生长的过程，推动了村庄渐进式发展[1]。这种产业发展推动乡村优化的乡村整治模式：一方面产业发展推动农村经济的发展，把劳动力吸引到村庄中，活化农村；另一方面通过土地整治实现土地经济价值，增加村民与村集体经济组织的收入，保持乡村发展在土地利用上的可持续，从源头上防止"空心村"的产生。这种产业为主导、多业互动的农村产业发展体系具有很强的可操作性，有利于破解农村经济发展所面临的诸多难题，因此这种整治模式具有较大的参考价值。结合土改，"集地券"制度推动乡村整治。"集地券"模式是义乌市作为农村土地制度改革试点地区在借鉴重庆"地票"、郑州"复垦券"的基础上所探索出来的农村地区建设用地自愿有偿退出机制。"集地券"制度在义乌市乡村整治过程中起到十分重要的作用。在三种整治模式中，无论是整村搬迁、异地奔小康还是旧房整治，"集地券"均作为整治成果变化为经济收益的桥梁角色。"集地券"可以用于办理农用地转用报批，也可以通过义乌产权交易所进行流转交易或者向金融机构办理质押，所得扣除土地整治等成本后归"集地券"持有人所有。"集地券"制度一方面将废弃闲置的农村低效建设用地复垦退出腾挪到城镇，优化了国土空间利用格局，促进了土地合理流动，满足了城市发展用地需求。同时，作为农民和集体增收的新渠道，"集地券"获得的指标收益，解决了农村基础设施资金筹措难问题。而整理出来的土地，通过土地流转等形式实现农业规模化经营，也为农村打造特色产业和发展乡村旅游奠定了基础，形成了支持乡村整治建设的良性循环。

二、山东潍坊就地、异地、并村的整治模式

1. 潍坊基本情况

潍坊市是山东省下辖的地级市，处于山东半岛中部，是全国增减挂钩试点地区之一。2009 年，潍坊市印发了《关于全面推进土地整理和村庄改造工作的意见》，其下辖的 14 个县市区（开发区）也以党委、政府或管委会名义出台政策文件，加强城乡统筹，开始全面推进城镇化和新农村建设。2010 年 9 月，潍坊市专门下发了《关

---

[1] 吴广艳，张俊芳，谭剑等.也谈义乌乡村建设的模式 [J]. 规划师，2017(08):144-148.

于加强和规范城乡建设用地增减挂钩试点管理工作的通知》，进一步规范、深化和提升全市增减挂钩试点工作。截止到 2017 年，潍坊市通过推动土地整理以及"空心村"整治，累计获批周转指标规模 5.6 万亩，完成拆旧规模 4.7 万亩，验收复垦耕地 4.4 万亩，节余建设用地指标 4 万亩。实现了改善农村生产生活生态条件，拓展用地空间，优化城乡用地布局，助推城乡统筹发展的目标。

2. 运作方式与过程

经过多年的"空心村"整治，潍坊地区结合地方实际，初步形成了就地改造、迁村并点以及易地改造三种"空心村"改造模式。三种模式的具体运作过程与案例如下：

（1）以村内集约为目标的就地改造模式

潍坊部分村庄布局结构松散，人均建设用地超标或质量较差的平房较多，同时闲置房屋以及废弃宅基地分散分布村中。对于这种情况的村庄，潍坊市采取就地改造模式，通过旧宅基地、闲置地、废弃地的改造整合，在村庄现状用地范围内进行改造，耕地边缘的零星居住用地复耕还田，以提高农村的整体居住环境质量为目标，调整村庄用地布局[1]。

以潍坊安丘市刘家峪村为例，全村有 62 户共 252 人，以传统农业生产为主，年人均收入 5000 元左右，集体经济空白。改革开放以来，村民逐渐在村庄东部建设新房入住，村庄西部原有旧房逐渐被闲置，形成 70 多处闲置房屋和废弃宅基地。由于村庄经济欠发达以及空心化程度较为严重，村内采用插花安置的方式进行就地改造。其具体步骤首先是通过村民大会确定申请作为增减挂钩项目，聘请业务单位进行村庄规划并公示征求村民意见。在确定规划区与拆迁区后，村内使用财政划拨的增减挂钩项目资金 55 万元在村庄北部建设安置房 26 套，用作安置老人，安置房归集体所有，随后再拆除复垦旧宅基地。全村共整治出耕地 31.5 亩，用作增减挂钩指标。同时村委运用项目结余资金 55 万元进行村庄基础设施改造，包括硬化村内道路、安装路灯等。

同样采用就地整治模式的昌乐县南良村，通过对废弃地、闲置地的集中整治，拍卖土地使用权以及集体经济经营获得村庄建设资金进行村庄改造。整治后全村共节

---

[1] 刘丽宁. 潍坊地区"空心村"成因与整治研究 [D]. 山东大学，2013.

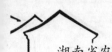

地600多亩,节地效益十分显著。

(2)以整合聚集为目标的迁村并点模式

有些村庄比较新的楼房已经达到一定数量,并且分布比较分散,就地改造条件较为困难,因此潍坊按照迁村并点改造的方式逐步推进旧村改造,即通过新区的先期建筑拉动旧村改造。2007年开始,潍坊诸城市将辖区内1249个村庄以及有关单位,按照地域相邻、习俗相近的原则规划建设208个农村社区,每个社区平均涵盖5个左右的村庄。

以诸城市土墙社区为例,其为原有西土墙、东土墙等6个村庄组建而成的社区。这种组建社区方法是在打破原有地域界线的基础上,对原有6个村的基层组织进行整合,建立新的社区两委。社区同时对位于西土墙村的土墙社区中心村进行中长期规划,依托增减挂钩试点项目,进行村庄整合。项目推进的具体步骤主要包括:1.进行村庄整治民意调查,征得全体村民同意后,逐级向上申请;2.申请获批后,根据村民意见进行中长期规划、确立拆迁补偿标准、评估农户住宅价值以及设计住宅样式;3.召开村民代表会等审议规划建设方案以及拆迁补偿标准,并对相关内容进行公示;4.与村民签订搬迁协议,实施拆迁和社区建设。土墙社区一期项目共有1110户农户搬进新居,腾出耕地600多亩,平均每户可获得约80平方米住房或者13万元的拆迁补偿,社区的人气聚集作用初步显现。

此外,潍坊昌乐县鄌郚镇的鄌郚南村与鄌郚北村整合也是迁村并点模式下较好的案例。两个村庄随着人口外迁,加之没有村庄规划,村干部未对闲置宅基地进行管理,村民对宅基地的重视度不高,宅基地未得到有效利用,造成了"空心村"的形成。

由于两村地域相邻、习俗相近,因此采取南北鄌郚村合并后新建村址的方法进行改造。其具体做法是结合土地利用现状与土质,在南鄌郚村划定部分区域安排北鄌郚村部分村民建新房,同时加强对原有建设地块的复垦工作。其具体措施包括通过闲置宅基地土地有偿使用提升了土地的市场价值,同时给予农户土地复垦补贴,保障农民经济收入。除此以外,村委通过放开土地经营权,在土地整理成片后引入种植企业,实现农民增收。整治工作实施三年,两村治理节约土地100多亩,乡村企业增加到2个,村集体利用土地整治所得的80多万元进行村内基础设施建设,村庄居住环境以及收

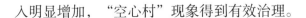

入明显增加，"空心村"现象得到有效治理。

（3）以扶贫节地为目标的易地改造模式

对于原村址环境恶劣，不适宜村民居住的农村，潍坊市采取易地改造的治理模式。易地改造是指就近选择一块新的建设用地作为规划新区，新建房户按照规划在新区内建造新房，实行整村搬迁。

以昌乐县高三村为例，村内因煤场开采导致土地塌陷严重，原本平整的农田变成大片坑地，农作物绝产，给农业生产、生活和生态环境带来了极大危害。同时高三村地处丘陵，交通不便，雨污合流，因此村民纷纷外迁，甚至在邻村租住也不回村，原有住房大规模闲置，形成"空心村"。

镇政府与2008年开始对该村进行易地改造。政府部门组织设计单位进行村庄规划编制，重新选址建设新村。政府部门在听取多方意见，并结合本地特点以及土地权属，最终选取高三村东侧沿村级道路的一块闲置荒地作为村庄所在地。

通过易地改造，把农民从占地很多的旧宅移到规划的宅基地上，从而置换出更多的可用耕地，同时将农民迁出塌陷区，保障了农民的生命财产安全。通过对旧村原有宅基地进行复垦以及新村的统一规划，农户宅基地占地降到不足1亩，人均耕地净增近0.3亩，同时村庄北侧预留发展备用地，以保障村民10年内的建房用地需求，优化了用地布局，实现了集约用地的目标。同时结合宅基地改革政策，允许村民将闲置旧宅基地在村庄规划基础上进行流转，使得搬迁农户收益得到提高，村庄整体居住条件大为改善。

3. 模式特色

就地整治模式投入较少、操作简单、效益较高，具有一定的普适性。由于其整治过程是在调查总结的基础上进行的，通过精心规划，涉及拆迁的农户相对较少，因此经费投入较少，不会给政府和农户造成太多经济负担。在上述两个案例中，刘家峪村通过增减挂钩项目资金，即可完成初步整治并节地31.5亩，而南良村通过集体经济自行投入经营，即取得较好的效果，因此该模式适合经济条件欠发达的农村地区。同时，由于整治过程中涉及农户较少，没有大拆大建，操作过程相对简单易行同时通过村庄的聚集居住改造，释放村庄增地潜力，村庄整治效益较高。

迁村并点模式有利于农村基层管理，节地效益显著。迁村并点模式主要是依托社区建设开展，通过多村的整合，建立新的社区基层组织，加强了基层组织的协调领导能力。同时打破原有村庄行政建制，通过社区公共服务设施的统一配置，改善了社区中心的区位和生产生活环境条件。此外，通过引导农户逐步聚集居住，对原有分散的宅基地进行复垦，实现农村土地集约节约利用，另一方面通过土地整理成片后引入种植企业，提升了土地经济产出价值，促进农村经济的发展，实现了农民以及村集体经济的增收。

易地改造实现环境优化、土地集约。易地改造作为居住环境恶劣的"空心村"整治模式，一方面实现了村民居住环境的改善，生活水平的提高，另外一方面，通过新村的科学规划，有利于村庄布局的优化，同时对原有多占宅基地、一户多宅等行为进行纠正，从而实现农村土地的集约节约利用。并通过旧村复垦，腾退建设用地指标，保障了新村的发展以及促进村集体经济的增收，实现了"空心村"的整治。

三、山东单县土地管理与产业引进相结合的乡村治理模式

1. 单县基本情况

单县隶属于山东省菏泽市，位于山东省西南部，苏鲁豫皖四省交界处，是第一批和第二批城乡建设用地增减挂钩试点县之一。由于村庄用地布局缺乏统一的规划，"一户一宅"政策执行不力，加之农民传统观念的影响，导致单县出现了较为独特的"外新内旧"形态的"空心村"[1]。据国土资源部数据，在 2010 年"空心村"整治工作开始之初，全县单县农村住户约有 25.15 万户，其中"一户多宅"约有 5.97 万户，约占农村总户数的 23.7%，而农户均占宅基地约达 960 平方米，远高于《菏泽市宅基地管理办法》中户均 200 平方米的标准。同时，全县约有破旧房屋 25.48 万间，部分较贫困的村庄旧房占有率高达 34.7%。

2. 运作方式与过程

梳理其做法和经验，单县一方面通过土地整治，健全用地管理制度，搭建平台放宽宅基地流转，编制科学乡镇规划整治"空心村"。另一方面利用整治土地成果，

---

[1] 王洁. 探索"空心村"改造模式建设美丽和谐新农村——单县新农村中"空心村"治理实践思考 [J]. 城市规划与设计，2017(10):111.

提出"一乡一业一村一品"发展规划，通过"龙头企业 + 专业村"等模式发展农村经济，活化农村，促进村民增收，从源头上解决"空心村"问题，两者的具体做法如下：

（1）健全用地管理机制，探索宅基地流转制度

针对单县因违法用地导致"空心村"现象突出的问题，当地县政府一方面借助挂钩试点项目工程成立跨部门指挥部，协调多个部门参与"空心村"整治工作，同时制定县内农村空闲宅基地流转管理办法及可操作的配套制度，明确各个部门分工，健全用地审批和监察机制。

在宅基地流转制度探索上，单县一方面通过出台地方性文件，建立农村宅基地储备制度以及土地流转和收益分配操作办法，推动农村集体产权制度改革，规范鼓励土地流转行为。另一方面建立县农村综合产权交易中心，提供平台进行农村土地承包经营权、农村集体经济组织"四荒地"使用权、农村房屋所有权、农村闲置宅基地使用权等农村产权的交易，并对作为转让方的农村集体经济组织和农民免收服务费，大大方便了农村土地的流转。

（2）统筹编制乡镇规划，促进土地节约利用

针对村庄用地布局缺乏统一的规划问题，单县将"空心村"改造纳入挂钩试点专项规划，衔接城市发展总体规划，在深入调研村庄现状、人口等数据的基础上，聘请山东省城乡规划设计院根据城市总体规划编制乡镇和村庄规划方案[1]，科学规划未来村庄用地布局，细化建新拆旧规模、用地空间，本着保护耕地、集约利用土地的原则，强化规划约束和控制作用，引导村民合理建房，节约用地，从科学规划村庄用地布局方向上解决"空心村"问题。

以李田楼镇为例，其规划方案主要分为城镇规划以及乡村居民点规划两个部分。在城镇规划上，山东省城乡规划设计院对原有围绕矿区服务的小城镇驻地进行重新规划，将小城镇规划面积从 3.5 平方公里扩展为 25 平方公里，并设置了商住区、工业开发区等不同功能分区。其中在商住区主要引入超市、宾馆酒店、物流等商业服务业，并规划有卫生所、幼儿园、小学、建设广场等公共设施以解决社区居民需求。在工业

---

[1] 孙若馨. 单县城乡建设用地增减挂钩试点工作的主要做法 [J]. 山东国土资源，2009(11):65-66.

开发区，当地政府筹资建设了中心商业广场，并引入由外地商人投资的矿前商贸城、商业一条街等多个产业项目，促进了城镇经济多元发展。在乡村居民点规划上，将镇内靠近镇驻地的 40 个自然村向城镇中心社区聚集，并将全镇其他 112 个自然村统一规划为 6 个中心村，引导村民集中居住，改善村民居住环境，节约土地资源。

2009—2010 年，李田楼镇先后启动马庄中心村建设及镇中心社区建设工程，将多个占地较为凌乱，交通较为闭塞的自然村共约 8000 人搬入新村及镇中心社区，两个项目共节约用地约 5900 亩，极大提高了农村土地利用效率，缓解了"空心村"的问题。

（3）引进产业进入农村，助力农村产业优化

单县是我国商品粮生产基地县、油料基地县，农业经济较为发达，但同时单县农业的发展方式较为落后，农业产业化规模小，技术含量不高。因此单县在 2015 年提出"一乡一业、一村一品"的发展规划，每年安排 500 万元资金用于支持发展"一乡一业、一村一品"的专业村镇。通过"龙头企业 + 专业村"等模式，结合宅基地流转制度，引导农民将土地向新型经营主体流转，出现了楚庄辣椒、李寨蔬菜、四街桃子、李坑香瓜等一批专业基地、专业村和专业乡镇，并凭借自己的品牌优势，取得了显著的规模效益，成功加快农业转型升级与农村扶贫攻坚[1]，发展农村经济，活化农村。

以李新庄镇孟店村为例，单县拿出专项资金扶持种植户建设高温种植大棚，免费安装了水肥一体化灌溉系统，孟店村的葡萄产业从露地种植转为温室大棚。通过温室大棚的种植优势，孟店村葡萄的上市时间比其他地区同等条件下要提早两到三个月，价格相应高出三倍以上，一座棚总收入可达十几万元。随后，在镇政府的指导下，孟店村成立了单县丰惠葡萄种植家庭农场，形成了"孟店葡萄"品牌，进一步促进葡萄种植产业的发展。村内一季葡萄每户收入都在几十万元，这使得孟店村村民基本留在村内进行葡萄种植。

此外，单县还探索"园区 + 龙头企业 + 专业村""龙头企业 + 基地 + 新型经营主体""龙头 + 基地 + 农户"等特色农业集群化、园区化发展路子，推行农业产业化

[1] 吴莉莉 . 单县土地综合整治助推脱贫攻坚的成效及建议 [J]. 现代农业科技，2018(06):279−282.

经营模式。通过建设食品加工专业园，全县入驻12家农副产品加工企业，农民专业合作社发展到942家，家庭农场发展到186家，带动4万余农户实现了组织化、规模化、产业化生产经营，同时通过依托华英、六和、忠意等食品加工企业带动发展芦笋、黄桃、蘑菇、青山羊等种养专业村32个。除了发展大规模产业外，村集体还可以利用土地整治所得的建设用地指标，引进小项目，促进村集体经济增收。如谢集镇王板桥村，村集体利用旧村改造所节约土地引入了1200平方米的木制品加工厂以及约500平方米的条编厂，村集体通过厂房租金每年可增收约8万元，同时带动当地村民每年收益约20万元，起到了促进村集体经济发展以及农民增收的作用。

3. 模式特色

以科学管理和规划促乡村优化。单县借助挂钩试点项目试点，出台相关文件完善土地管理流程，理顺各个部门之间的权责，落实宅基地的面积限制以及"一户一宅"的政策，从土地管理上控制"空心村"的扩大与蔓延。同时探索宅基地流转机制，建立县农村综合产权交易中心方便土地流转，促进集体土地价值的实现，减少集体用地的闲置与荒弃，提高土地利用效率。此外，单县通过聘请业务单位统筹编制乡镇和村庄规划方案，强化规划约束和控制作用，引导合理建房，节约用地，促进中心城镇以及中心村社区的建设，实现农村居民的聚集居住。并利用节约所得的建设用地进行工业园区建设，实现了城镇产业发展用于乡镇的产业引进，从而促进农村经济发展，村民收入得到有效提升。

以发展农村产业活化农村。单县提出"一乡一业、一村一品"的发展规划，结合农村自身产业优势，大力实施品牌带动战略，创新发展方式。经过多年实践，"一村一品"由过去以种植业为主逐步向林果业、农产品加工、休闲观光等涉农服务业及非农产业并举，种植业由过去以粮食生产为主向经济作物转变，"一村一品"覆盖的产业领域不断拓宽，主导产业和产品标准化生产水平不断提升，出口创汇能力不断增强。全县18个市级以上"一村一品"示范村，每个村都有各自的品牌，经济效益十分明显。单县通过"园区＋龙头企业＋专业村""龙头企业＋基地＋新型经营主体""龙头＋基地＋农户"等产业化经营模式，依托企业与相关专业村合作，引入企业先进生产与管理技术，提升农业生产水平，并通过村与企业建立长期订单合作关系，保障了农民的收入稳定与安全。通过"一村一品"工程，单县农业生产形成规模化、特色化的产业模式，农民专业合作社、家庭农场快速发展。也正由于乡村产业的发展，农村人员外流现象显著减少，农村空心化问题从源头上得到缓解。

四、福建上杭"村民参与＋美丽乡村建设"的整治模式

1. 上杭县基本情况

上杭县为福建省龙岩市辖县，是我国著名的革命老区。上杭县农村"空心房"的整治起步时间较早，上杭县国土局在 2007 年末开展全县农村"空心房"调查摸底工作，据调查数据，全县共有空心村、"空心房"425 处，总面积 15845 亩，其中连片 5 亩以上适宜整理复垦为耕地的 152 处共 4398.5 亩[1]。调查还发现，县内"空心房"分布点多而散，山区农村旧宅单点面积超过 5 亩不到四分之一，难以形成规模。此外，由于农民对宅基地的私有观念浓厚，"一户一宅"规定落实很不到位，绝大多数农户建新不退旧，同时由于经费投入不足等问题，很多村庄并无编制乡村规划，有编制规划的也存在落实不到位，甚至有贪图方便直接在耕地上进行新村规划建设的，造成新村与旧村并存的现象。

针对上述问题，上杭县政府在 2009—2010 年先后制定出台了《关于开展农村旧宅基地整理复垦工作的意见》《关于农村土地整治和城乡建设用地增减挂钩工作实施意见》等一系列旧村复垦和土地整治相关文件。从 2010 年开展旧村复垦工作以来，截止到 2016 年中，全县已实施旧村复垦项目共 75 个，整治规模达 3865 亩，已通过省、市验收 1829 亩，极大地改善了农村的面貌，有效地推进了上杭县农田保护和农业规模化、集约化发展。

2. 运作方式与过程

（1）鼓励村民参与管理

针对整治工作开展之初村民"守旧"思想比较浓厚，工作推进比较困难的问题，上杭县除了利用媒体、村民座谈会、入户走访等方法进行宣传外，在整治过程中还会鼓励村民参与到整治区范围的划定、村庄规划设计的编制等管理工作中，通过村民自

---

[1] 李新涛. 农村"空心房"综合整治整村推进的实践与思考 [A]. 福建省土地学会. 土地节约集约利用与转变发展方式——福建省土地学会 2010 年学术年会论文集 [C]. 福建省土地学会，2010:4.

身参与来推进整治工作的开展。

以古田镇外洋村旧村复垦项目为例,外洋村处于梅花山自然保护区范围内,是古田红色老区重要组成部分,村内有多处红色文物建筑。由于生活水平的提高以及村庄地理位置较差等原因,村内大多数人员已经搬到条件更好的主村区或古田集镇,村内房屋空置率在 80% 以上。外洋村旧村复垦项目区总面积 22.99 亩,项目实际发放安置补助费 16.2 万元,连同土地补偿、拆迁奖励、建新安簧及基础配套设施等,全项目核发 85.37 万元,全部从古田镇增减挂钩指标转让收益资金专户中支付。经过整治,全项目净增耕地 22.99 亩,通过挂钩指标对外转让,古田镇至少可获得 322.2 万元,同时村集体可获得新增耕地承包经营收入 1.7 万多元 / 年,项目经济效益十分显著。

在外洋村旧村复垦项目推进过程中,多处均有村民参与,项目推进获得村民极大的认可。村民参与主要体现在以下四个方面:一是村民代表以及村委干部组成复垦工作协调组全程参与项目的权属核实、拆迁补偿安置、工程质量监督和村民关系协调等工作;二是在确定整治区范围红线、核实整治区土地利用现状工作中,镇政府首先聘请有资质的上杭县三维测绘有限公司进行 1 ∶ 1000 地形图测绘,随后会同镇、村干部以及村民代表三方现场实地确定,再聘请福建陆源土地规划设计有限公司进行规划编制和项目推进方案的编写[1],保障项目实施的质量以及群众的认可;三是为协调村民关系,对搬石运料、表土回填、田块整半、田间沟渠等小散工程,均雇请当地群众实施,既保证了质量和进度,又增加了村民收入;四是在竣工验收工作上,需要由镇、村干部以及村民代表在现场写《旧村整治复垦检查验收表》,认定工程的合格。

此外,在乡村建筑以及村庄规划工作中,上杭县一方面积极组织农村工匠参加农村建筑相关培训,提升建筑水平参与到新村建设中,另一方面组织人员参与福建省乡村规划师选拔培训,通过培养本地乡村建筑以及规划人才参与到本地的村庄规划编制工作中,组织规划编制人员和基层村镇建设管理人员,进村入户宣讲村庄规划,让村民了解规划、熟悉规划、看懂规划、认同规划,多管齐下以增加村民对整治项目的认同感。

---

[1] 李新涛 . 上杭县古田镇外洋村旧村复垦项目调查与评价 [A]. 福建省土地学会 . 福建省土地学会 2012 年年会论文集 [C]. 福建省土地学会,2012:7

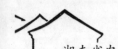

（2）美丽乡村与特色小城镇建设并举

由于乡村前期建设没有进行科学的规划，上杭县部分村庄房屋排布凌乱，村容村貌破旧，村庄卫生环境恶劣，生活污水、垃圾得不到有效处理，这对于利用村庄红色资源发展旅游观光业产生了巨大的阻碍。

上杭县自2014年起实施"千村整治、百村示范"美丽乡村建设工程，每年度都会依据实际情况出台具体的实施方案，而各乡镇以及部分试点村，会按照当年上杭县所出台的实施方案制定当年度辖区内的美丽乡村建设方案。如庐丰畲族乡上坊村出台美丽乡村建设实施方案中提出了上坊村要结合"空心房"整治进行农村环境改善工作，利用拆除裸旧房、"空心房"、杂房等进行的村庄绿化、美化和亮化，对危房进行修缮或者改造，改善困难群众的居住条件，同时聘请有资质机构，结合村内实际，对上坊村美丽乡村建设进行规划编制，按规划要求实施乡村美化、土地治理、"空心房"整治等工作。总的来说，上杭县通过各村自行制定实施方案，使得美丽乡村建设能够落实到细节处，同时也有利于各村结合自身现实情况进行改造整治。

此外，上杭县古田镇作为国家第一批特色小镇，结合旅游区以及生态休闲区的建设，进行小镇环境综合整治与"空心房"治理。古田镇通过编制完善古田镇土地利用总体规划，在中心区规划建设具有徽式建筑特色的新房，引导旧村村民迁入古田新村，聚集居住。同时拆除小镇周边3.2万平方米的"空心房"建筑，在旧村复垦项目中结合文物保护工作[1]，从而优化小镇旅游环境，实现景区景观的综合提升。

3. 模式特色

村民参与，项目推进速度快，群众认可程度高。上杭县通过鼓励村民参与旧村复垦项目，规范整治工作流程，一方面能够调动农民的积极性和创造性，利用农民对本村情况了解的优势，使得"空心房"整治项目的实施具有针对性与可靠性，并在工作中能够切实维护农村集体经济组织和群众合法权益。另一方面，鼓励村民参与到管理工作中，能让村民了解"空心房"整治政策的好处，有利于降低政策执行在思想工作上的难度，使得"空心房"整治工作能够更有效地开展，得到村民的认可。在古田

---

[1] 李新涛. 上杭县古田镇外洋村旧村复垦项目调查与评价 [A]. 福建省土地学会. 福建省土地学会2012年年会论文集 [C]. 福建省土地学会，2012:7.

镇外洋村和蓝溪镇觉坊村旧村复垦项目实施后的调查中，几乎所有村民对于旧村整治复垦成果感到满意，认为村容村貌以及村民收入均有了明显的改善[1]。

村民参与到旧村复垦的"空心村"整治工作中，对于政策落地实施、调动村民的积极性均具有十分良好的作用。通过村民的参与，村民的意见也能较为容易地反映到工作当中，使得工作在推进过程中更容易获得群众的认同感。因此其做法具有较好的借鉴意义。

结合美丽乡村建设推进"空心房"整治，美化环境，村民受惠。通过"空心房"综合整治与美丽乡村建设的结合，完善了项目区的交通、水利、防灾、绿化等设施，改善了生态条件，有效防止水土流失和旱涝灾害，美化了村容村貌。在古田镇外洋村旧村和蓝溪镇觉坊村项目的改造后调查中，所有的受访人员均认为通过美丽乡村建设与旧房改造项目结合，村容村貌有了很大的改善，村民生产生活环境得到了很大的提高。同时通过打造美丽乡村建设与"空心房"整治结合示范项目，组织村民对即将进行"空心房"整治的村庄进行考察，提升了他们对整治项目的认可度，减轻项目对村民思想工作的压力。如才溪镇下王村组织46名村民代表前往古田吴地红军小镇参观学习，提升了村民对"空心房"整治工作的支持。结合美丽乡村进行"空心房"整治，对改善项目区及周边村民的生产生活条件，提高现代农业生产能力具有很大的促进作用，这对于推进城乡一体化进程，促进区域经济持续健康发展具有现实和深远的意义。

五、江西余江宅基地有偿使用与退出整治模式

1. 余江基本情况

余江于2018年5月撤县建区，隶属于江西省鹰潭市，地处赣东北，是全国33个农村宅基地制度改革试点县之一。据江西省国土资源厅数据，2015年宅基地改革启动之前，原余江全县农村有3.85万栋闲置房、危房、倒塌房屋和10.2万间农村附属设施待清理，在全县7.3万农户中，一户多宅达2.9万户；全县农村宅基地制度改革

---

[1] 李新涛. 上杭县古田镇外洋村旧村复垦项目调查与评价 [A]. 福建省土地学会. 福建省土地学会2012年年会论文集 [C]. 福建省土地学会，2012:7.][李新涛. 整治空心村 老宅变良田——上杭县蓝溪镇觉坊村旧宅基地复垦项目调查与评价 [A]. 福建省土地学会. 土地节约集约利用与转变发展方式——福建省土地学会2010年学术年会论文集 [C]. 福建省土地学会，2010:7.

前人均建设用地面积达 170 平方米 [1]，部分农村出现了农民无地可建的现象。随后，原余江县出台了《余江县农村宅基地制度改革工作实施方案》《余江县统筹协调推进农村宅基地、集体经营性建设用地入市、土地征收制度改革试点工作实施方案》等文件，开启宅基地制度改革工作。截止到 2017 年中，余江彻底消灭了全区所有"空心村" [2]，借助宅基地改革试点工作，全区 908 个自然村的 2 万多栋"空心房"、危旧房、违建房已经被拆除并退回宅基地；56 宗 20.54 亩宅基地得到流转，复垦 574 亩农田，村集体收回的宅基地和空闲地可满足未来 10~15 年的村民建房需求。

2. 运作方式与过程

余江区的"空心房"整治重点在于宅基地制度改革，主要包括建立宅基地有偿使用和退出制度，以及组建具有财权、治权的"村民理事会"基层组织，以推进宅基地改革制度的落实。

（1）建立宅基地有偿使用与有偿退出制度

针对区内"一户多宅"以及多占宅基地的问题，余江在农村宅基地制度改革中，严格实行"多占退出"制度，各村在法定范围内确定统一面积标准。总结其做法，主要是通过有偿使用与有偿退出相结合的模式进行宅基地治理。

有偿退出机制的内容主要包括三个方面：一是对于退出部分多占宅基地的农户，除闲置废弃的畜禽舍、违章建筑、院套用地外，根据房屋结构和质量按一定标准进行补偿；二是对于退出全部宅基地的农户，补偿标准上浮 20%；三是对于自愿放弃宅基地并进城购房的农户，可以在政府划定的县城优势地段选购房屋，同时享受政府 600~800 元／平方米的房价补贴。

有偿使用机制内容主要包括两个方面，一是对于符合"一户一宅"但多占宅基地部分，余江区实行阶梯式有偿使用费征收，按照超出面积，阶梯式收取 10~50 元／平方米的宅基地有偿使用费，但对于多年期一次性交纳宅基地有偿使用费的农户将会

[1] 许建平 . 探索经济欠发达地区农村宅基地管理新路径——江西省余江县农村宅基地制度改革试点主要做法和启示 [J]. 国土资源通讯，2017(8):36-38.

[2] 许建平 . 探索经济欠发达地区农村宅基地管理新路径——江西省余江县农村宅基地制度改革试点主要做法和启示 [J]. 国土资源通讯，2017(8):36-38.

给予一定的优惠；二是宅基地竞价分配制度，即对涉及新增宅基地的必须择位竞价，由村民事务理事会确定地段分类、面积、底价并张榜公示，并组织村民竞拍。宅基地有偿使用费以及宅基地竞价所得由村民事务理事会征收，并结合城乡建设用地增减挂钩收益，对宅基地有偿退出费用以及村内公共设施建设费用进行补贴[1]。截止到2017年中，全区村集体收取有偿使用费5716户770万元，流转宅基地56宗20.5亩，新建农房择位竞价136宗22.3亩，集体支付退出补助款1432万元，有偿退出户均增收4200元。

除此以外，为配合开展宅基地制度改革试点工作，全区所有的自然村均编制了2015—2025年村庄规划，由村民理事会具体监督实施[2]，有效地防止"抢地抢建"的行为，一定程度上避免了"空心房"的产生。

（2）组建"村民理事会"，推进宅基地改革

针对农村的基层组织建设相对薄弱，宅基地改革政策依靠乡镇组织力量难以全面覆盖的问题，余江区在基层党组织领导下，在1040个村建立和完善了村民事务理事会，选出了8752名理事会成员。村民事务理事会由村"两委"成员、村乡贤和村民共同组成，在村"两委"的指导下，主要负责推进宅基地制度改革的事宜。村民事务理事会在推进宅基地改革过程中起着十分重要的作用：首先，村民理事会相对于乡镇一级，能够较为了解本集体经济组织情况的基础上，因地制宜地制定和实施了适合本集体经济组织特色的改革方案。同时，村民事务理事会将村民小组的财权、治权紧密结合起来。乡镇一级下放了包括宅基地分配、收益分配、宅基地有偿使用费征收、流转收益收取、农民抵押贷款等12项权力、15项职责给予村民理事会，切实保障了基层群众的知情权、参与权、表达权、监督权。其次，在宅基地改革政策执行初期，部分农民出于乡土情结和传统观念的考虑，导致宅基地退出受到掣肘。因此，在族系归属管理模式下，理事会成员作为村组宗族中的重要角色，其在宗族体系中的社会地位有利于其与农民的沟通，这种高于一般社会关系之上的话语权在一定程度上能够让

---

[1] 顾龙友. 对农村宅基地制度改革试点实践的思考（上）——基于5县（市、区）的调查 [J]. 中国土地，2017(12):25-27.

[2] 顾龙友. 对农村宅基地制度改革试点实践的思考（上）——基于5县（市、区）的调查 [J]. 中国土地，2017(12):25-27.

农民接纳该主体角色的观念，从而弱化并消除了农民对宅基地制度改革的误解和阻碍[1]，有效提高宅基地改革工作的效率与质量。

3. 模式特色

以有偿使用促进用地公平，补贴退出。余江在农村宅基地制度改革中进行了积极有益的探索，这种有偿退出与有偿使用结合的宅基地分配新模式：一方面能通过"奖惩结合"的手段促进"一户一宅"以及宅基地面积限制政策的落实，保障农村土地利用的可持续；另一方面通过宅基地使用由无偿为适度有偿，在集体经济组织主导下，用有偿使用办法调整历史遗留多占集体土地和新宅基地竞价择位等问题，平衡利益关系，顺应了农民群众追求公平的心理需求和农村工作实际，符合时代要求[2]。同时，余江区的宅基地退出补偿金绝大部分都来源于村小组在宅基地有偿使用费、宅基地竞价以及城乡建设用地增减挂钩收益，政府拨款资金很少。这种以有偿使用"补贴"有偿退出的方式，虽然在具体执行上有一定的不足，但其做法能够大为缓解乡镇一级以上财政在宅基地改革以及"空心村"整治方面的压力，因此该做法对于财力相对不足的地区，具有一定的参考价值。

以村理事会聚集民心，参与协助管理。余江村民事务理事会的自治模式通过理事会执行、政府指导，发挥理事会成员自治水平，以全民参与的形式落实政策。通过村内民主协调的方式处理宅基地改革工作中出现的问题，能够巧妙地转移政府与村民之间的矛盾，一方面极大地降低了政策执行工作的难度，尤其是思想工作上的难度，另一方面更有利于农村基层民主制度建设，让农民切实享受到政策红利。同时，将部分乡镇的工作权限下放到理事会，让村民发挥自己的力量去贯彻执行制定的政策，有利于政策在本集体经济组织情况的基础上，因地制宜地落实为适合各自集体经济组织特色的改革方案。这种方法使得宅基地改革工作更具有针对性和目的性，能够大大加快宅基地改革工作的执行效率，减轻乡镇一级基层工作的负担，因此具有很好的借鉴

[1] 廖成泉，胡银根，陈海素. 基于农民心理视角的宅基地制度改革思考——以江西省余江县为例 [J]. 江西农业学报，2018(1):147-150.

[2] 许建平. 探索经济欠发达地区农村宅基地管理新路径——江西省余江县农村宅基地制度改革试点主要做法和启示 [J]. 国土资源通讯，2017(8):36-38.

作用。

第三节　借鉴和启示

在前两节中，本文罗列了部分国内外乡村治理的政策和措施案例，分析了不同地区的乡村整治方法。这些案例均有一定的特色和取得一定的成效，结合湘阴县"空心村"的实际情况，可以得出以下的启示：

一、注重政策法规配套

在乡村治理方面，国外较为注重在上层建筑层面给予政策支持以及法律保障。这种基于法律框架下的乡村治理模式，能够突显政府在乡村治理和改革中的主导作用。农村法规政策的制定，对于政府在推进农业改革和农村治理过程中有着重要的法律保障与支持，也能够在其整治和发展过程中得到理论依据和方法指导。而在国内的案例中，完整的政策法规配套，也是乡村整治获得成效的重要一步。因此，在"空心村"整治过程中，首先，需要完善政策法规的体系，将治理相关者联系起来，达成共识，从而形成集体决策、行动一致的效果。其次，政策法规的出台，需要结合实际才能发挥相应效果。一方面，县、乡镇与村集体经济组织之间要加强协调配合，由上级政府统一领导，各个基层实施当中及时总结反馈，上级部门要根据反馈情况及时进行调整。另一方面，乡村整治模式要因地制宜，结合乡村不同的地理位置与资源特点，分别采取不同的乡村整治模式。

二、加强土地规划作用

在国内外案例中，各地政府在促进农业和工业、城市和乡村的融合过程中，都注重科学的规划和管理，以推动经济社会的可持续发展。我国早期村庄规划滞后及建设的随意性，是"空心村"形成的重要原因之一[1]。因此，在"空心村"治理过程中，应该结合新型城镇化进程，衔接上级规划，分别编制乡镇以及村庄的土地利用规划，科学地安排各项土地用途，圈定建设用地范围，促使城乡用地合理有序地进行，实现

---

[1] 卢志峰 . 新型城镇化背景下"空心村"治理的路径选择研究 [D]. 安徽师范大学，2017.

农村土地资源优化配置。同时，道路、通信、电网改造和环境保护等分项规划要与村庄规划修编同时展开、同期实施。农村空间布局的规划还应该结合未来发展需求，具有前瞻性，要尊重村民的意愿和意见，维护其合法权益；要注意结合本地实际，融合自然和人文特色，把乡村规划"从传统物质规划变为人本规划"。在相关规划编制出台之后，相关组织要组织严格监督执行，借鉴荷兰经验，通过强化规划约束和控制作用，起到土地规划对乡村土地管控的作用。

三、改革土地管理制度

农村地区的宅基地多占以及"一户一宅"政策落实不到位，是"空心房"出现的重要因素。因此，政府首先需要通过改革土地管理制度，有序处理农村住房历史遗留问题以及明确宅基地管理主体，探索放权下村，由村集体负责宅基地用地管理以及相关政策落实的模式，以保障农村地区的有序用地。其次，政府可以探索宅基地有偿使用与有偿退出相结合的管理手段，通过"多占多付"的手段引导农民腾退多余的宅基地，促进宅基地用地公平。同时，政府应积极探索产权转让、权益转化、土地整治、转换入市等模式的集体用地流转办法；借鉴重庆"地票"，义乌"集地券"模式，搭建农村产权交易平台，探索农村地区建设用地自愿有偿退出机制，通过建设用地权益的体现来鼓励村集体将废弃闲置的农村低效建设用地复垦退出，实现农民增收和农村土地的集约节约利用。

四、革新农村生产方式

通过鼓励工商企业在农村进行投资建设、农村本地工商业发展以及农业规模化发展的方式来加快对传统农村地区的改造，这对于我国乡村整治来说是具有较强的可操作性以及较高的参考价值。通过农业产业化、发展乡村旅游业、鼓励工业、企业入驻农村，一方面有助于解决农村剩余劳动力的转移问题，另一方面也促进了农村生产方式的进步以及农业产业结构的调整，既能提高农民的经济收入，也缓解了农村人口外迁现象。因此，促进农村产业的发展，是实现乡村振兴的重要途径。

要实现农村产业的发展，具体来说，一是要实现传统农业的规模化、集约化生产，积极推动乡村产业向园区化、高效化发展，发展农产品加工产业，通过分工和合作，提高农产品质量和专业化水平。二是结合地方特色和优势产业，积极推动传统工艺文

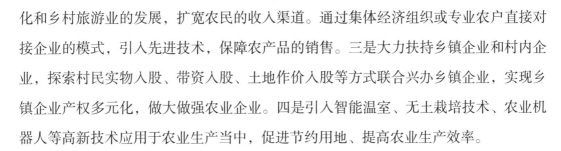

化和乡村旅游业的发展，扩宽农民的收入渠道。通过集体经济组织或专业农户直接对接企业的模式，引入先进技术，保障农产品的销售。三是大力扶持乡镇企业和村内企业，探索村民实物入股、带资入股、土地作价入股等方式联合兴办乡镇企业，实现乡镇企业产权多元化，做大做强农业企业。四是引入智能温室、无土栽培技术、农业机器人等高新技术应用于农业生产当中，促进节约用地、提高农业生产效率。

五、注重基础设施建设

农村基础设施的落后，对村民的生产生活都带来了非常大的不便，直接阻碍了农村经济的发展。因此在国外的案例中，都以建设农村基础设施作为乡村整治工作的切入点，通过基础设施的建设改善农民的居住条件，改变农村的落后。因此，在"空心村"的整治过程中首先需要不断增加村庄的基础设施建设的投入，包括土地的整理以及对村内水、电、路等基础设施和旧村中危房、厕所的优化改造，改善村庄污水、垃圾处理收集设施，通过完善农村基础设施网络，推动农村人口集中和产业发展。同时，乡村设施建设也要满足村民相应的休闲娱乐和文化需求。通过科学规划，利用土地整治中的边角地等修建体育、文娱设施，加强对村内环境的整治，实现村内"绿化"，美化居住环境，满足村民的休闲需求。

此外，政府要担负起管理者的角色。政府的主要职能应该定位为向农村提供公共服务，因此一方面要注意不要越位，经营性、营业性事业应由农户、企业参与，避免与民争利；另一方面要注意不要越界，要保障"新农村"建设资金落到实处，避免被截留挪用，同时在乡村整治过程中避免越权做主，应该以鼓励方式推动乡村空间的优化。

六、鼓励村民参与管理

"空心村"治理是一项综合性的系统工程，也是与村民利益直接相关的一项工程。因此，在国内外的部分案例中，民众参与也成为了一个重要的部分。

结合案例，村民参与主要体现在三个方面：一是通过成立大型的农民合作社，赋予合作社一定的市场经营和管理权力，以加大农户在市场上的话语权，并通过合作社实现对农户们的管理，并促进农户之间在技术、金融等方面的互助互利。二是可以让村内较有话语权的人员组建村民理事会，推动村民自治和发展村内的公共服务，同时可以学习余江模式中政府放权的方法，授予理事会一定的权力，方便推进"空心房"整治之余，减轻基层工作的负担。另外也可以组织村民参与到"空心房"整治的相关工作中。三是鼓励村民参与专业技能培训，如选派村民分别参与建筑以及乡村规划设计方面的培训，让村民成为专业人士参与到乡村整治的过程中。通过鼓励村民的参与到乡村整治的工作中，充分发挥村民的积极能动性以及其对自身村庄了解的优势，使得乡村整治工作更具有针对性和目的性，能够大大加快整治工作的执行效率，提高乡村整治效果的质量。

第六章

湖南省农村"空心房"整治工作的评价与反思

　　总体来看，湖南省农村"空心房"整治取得了一定的成效，但同时也面临着一系列实际问题。因此，有必要对湖南省目前的农村"空心房"整治工作进行评价，总结工作开展过程中取得的成效，反思存在的问题，并就进一步完善全省农村"空心房"整治工作提出对策建议，一方面希望推动湖南省农村"空心房"整治工作的顺利开展，促进土地资源的高效利用，改善村容村貌，提升人居环境，另一方面也可以为其他地区的农村"空心房"整治工作提供经验借鉴。

第一节　湖南省农村"空心房"整治工作总体评价

一、整治工作取得了一定的成效

1. 用活了增减挂钩政策，缓解了城乡用地供需矛盾

　　2017 年以来，湖南将农村"空心房"整治与城乡建设用地增减挂钩政策结合起来，统筹推进，特别是允许贫困地区增减挂钩节余指标跨地区流转交易，充分释放了增减挂钩政策潜力。截至 2018 年 8 月，全省累计批复增减挂钩项目 101 个，施工完成增减挂钩项目 24 个，新增耕地 1.23 万亩，全省贫困地区累计协议流转增减挂钩节余指标 2.47 万亩，协议金额 67.71 亿元。通过对农村"空心房"进行综合整治，不仅拆除了危旧房屋，复垦了大量优质耕地，保障了县域耕地总量平衡的红线，村民还获得一定的补偿收入；整治后的土地，还可就地用于公共设施建设，有助于提升农村公共服务水平；对城市而言，可获得城乡建设用地"增减挂钩"和耕地占补平衡指标，从而缓解城市发展用地需求不足问题，使大批优质项目得以落地，

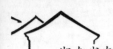

促进了城市经济的发展。

2. 实行综合整治，获得了良好的社会、经济和生态效益

在推进"空心房"整治过程中，各地整治片区结合实际需要，因地制宜，实施综合整治，获得了良好的社会、经济和生态效益。如湘阴县对湖堤、河堤两侧"空心房"拆除后，连同周边水塘进行填埋复垦，消除汛期隐患，使堤防更加稳固，此外还清除了一些利用"空心房"非法生产的隐藏窝点，有效消除了安全事故隐患。新邵县距离中心城区近，适合发展生态旅游产业，而且"空心房"普遍集中，基础设施也较好，于是基层组织出面协调，采取租赁经营等方式，把这些优质的存量"空心房"盘活，既延缓了其老化进程，又增加了农户收入，受到群众的好评。许多整治片区将农村"空心房"整治与美丽乡村建设、"厕所革命"等相结合，将一些长期无人监管的破败、老旧房屋进行修缮或拆除，同时清理了废弃猪牛栏，改造旧式厕所，改变了农村环境"脏、乱、差"的局面。同时通过水体整治与土地整治，对村落的山、水、田、园等生态环境进行优先保护与生态修复，改善了山水林田湖草风貌，提升了美丽乡村品味。

3. 形成了可复制推广的经验，获得了良好的示范效应

湖南省以岳阳市湘阴县为示范，先试先行，走出了一条资源节约集约、推动乡村振兴的可持续发展之路，为全省推进农村"空心房"整治做出了探索、创造了经验。如白泥湖园艺场片区，依托良好的农业基础，创造出"'空心房'整治＋高标准农田建设"模式，盘活了闲置土地资源，增加了耕地数量，提高了耕地质量；金龙燎原片区依托周边丰富的旅游资源，创造出"'空心房'整治＋美丽乡村建设"模式，村容村貌得到明显提升；六塘金珠口片区因地处丘陵地带，建筑较为分散，闲置房屋较多，湘阴县创造出"'空心房'整治＋村民集中建房"模式，提升了村民居住质量、生活品质，改善了村庄整体风貌。自2017年湘阴县开始"空心房"整治工作以来，全国各地有40多个县市区前往学习考察。2018年9月，湖南省城乡建设用地增减挂钩暨农村"空心房"整治工作现场会在湘阴召开，湘阴、江华和龙山县分别作典型发言，将农村"空心房"整治经验向全省推介，为湖南省及全国其他地区的"空心房"整治提供了经验借鉴，获得了良好的示范效应。

二、整治工作尚存在一些不足之处

1.“空心房”概念无法律依据，认定标准因人而异

从法律角度来看，究竟什么是“空心房”，法律没有任何明文规定。而各地“空心房”的认定标准，也存在一些不清晰的问题，比如长期无人居住、监管的“闲置房”，“长期”究竟是多长期限？“危旧房”达到什么程度才算危及人的生命安全？“零散房”中简易建设的农业生产管理用房中“简易建设”的评定标准是什么等。由于文件对这些具体问题没有一个明确的规定，导致在“空心房”推进过程中许多房屋需要人为认定是否属于“空心房”的情况发生，认定标准往往因人而异，不仅会影响农村“空心房”整治进程，而且不利统一规范，总结示范，处理不好，甚至会影响人民群众的切身利益，不利于社会稳定。

2.整治规划和村庄编制不完善，没有充分发挥规划引领作用

我国早期村庄规划滞后及建设的随意性，是农村“空心房”形成的重要原因之一。据统计，截至 2017 年底，湖南省 24153 个村庄中，已编制符合要求的村庄规划只有 6453 个，仅占全省的 26.7%，大多数村庄由于经费不足等原因尚未编制村庄规划，有编制的也存在规划不到位或不切实际等问题。岳阳、长沙、湘西、永州、邵阳等地在进行“空心房”整治之前编制了农村“空心房”整治实施方案，但是相关的整治规划编制却尚不完善。例如湘阴县虽然制定了“空心房”整治总体规划，但只是确定了整治的任务、目标等总体框架，在具体实践过程中，除了一些重点示范片区外，其他整治片区尚未编制具体的专项整治规划。在农村“空心房”拆除后，由于整治规划、村庄规划的缺失以及基层管理的缺位，导致一些整治片区农民新建住宅无序、随意超占面积现象时有发生，严重影响了旧村改造和新村建设的总体效果。部分地区村民集中居住的建房点占地较多，会导致占用基本农田，土地利用总体规划调整难度较大。

3.增减挂钩政策利用有失偏颇，农村发展用地受限

随着湖南省经济的快速发展及城镇化进程的不断加快，城市建设用地需求不断增长，土地供需矛盾十分紧张，耕地保护和占补平衡压力巨大。在这种背景下，湖南省试图通过农村“空心房”整治，结合增减挂钩政策，将农村低效利用的建设用地复垦为耕地，同时增加城市建设用地指标，破解城乡发展难题。但是近年来随着美丽乡

村建设、乡村振兴战略的实施以及新理念、新技术向农业农村融合渗透的加快,农村经济发展产生了新活力,乡村旅游、休闲农业等新产业新业态不断涌现,产业规模不断扩大,也产生了大量用地需求。但是目前湖南省很多地方对这种新型城乡关系认识不够,政府工作重心没有完全改变,仍以城市发展为重心,"空心房"拆除复垦后申报的城乡建设用地增减挂钩项目节余指标大量流向城镇,农村建设空间不断被压缩,农村产业发展用地得不到合理供给,阻碍了农村经济的进一步发展。

4. 整治经费由政府财政兜底,没有充分引入社会资金

湖南省实施农村"空心房"整治的经费大多由当地财政兜底,资金压力较大。各地政府虽然可以通过申报"增减挂钩"项目新增部分用地指标进行流转而获得收益,但是大部分地区用地指标、占补平衡指标比较紧张,结余流转的指标规模不多,且湖南省除集中连片特困区和国贫县节余的新建指标可在全省范围内流转外,其余各县的增减挂钩结余指标只能在县域内流转,入市交易具有一定的限制,很多市县仅能将部分占补平衡指标入市交易,导致各地指标收益很难填补"空心房"整治经费的缺口。以湘阴县为例,各项整治经费合计共需要 3.1 亿元,而 2017 年该县公共财政预算收入才 15 亿元,仅"空心房"整治经费一项就占据该县全年财政预算收入的 20.7%,资金压力很大。此外,中央有关文件虽然鼓励和支持地方在农村土地整治过程中引入社会资本参与,但各地在实施农村"空心房"整治过程中,由于整治规划缺失、参与主体对整治基本情况不了解、PPP 项目具体实施细则不完善等原因,导致社会资本没有积极参与到"空心房"整治以及拆除后的复垦、复绿工作中。

5. 拆后监管机制不健全,整治效益有待进一步提升

部分整治地区由于整治规划和村庄规划不完善,加之后续监管不到位,导致在农村"空心房"拆除后产生了诸多问题。首先是拆除清理问题,由于湖南省在农村"空心房"整治过程中一直强调要用好用活增减挂钩政策,所以许多地区农村"空心房"拆除后,为避免重复施工,选择"增减挂"项目立项后再统一施工,没有及时清理拆除后余留的土方和瓦片,拆除垃圾随意堆放,严重影响了村容村貌。其次是新建住房不规范问题,例如湘阴县不仅部分分散安置户房屋建设面积超标,集中安置居民点工程也存在超出计划规模,且存在占用基本农田的问题;其次是复垦复绿问题,一些地

区的增减挂钩项目虽已实施并通过验收，但部分村庄没有将拆除后的地块及时发包和耕种，加之复垦、复绿效益较低，导致新的撂荒现象。这些问题严重影响了农村"空心房"的整治效益，对湖南省进一步推进整治工作造成了很大的阻碍。

6. 宣传示范工作不到位，部分村民积极性有待提高

在农村"空心房"整治工作开展前，各地虽然进行了大量的宣传，但在实践过程中，由于诸多原因，导致村民参与"空心房"整治的积极性并不高。原因主要有以下几点：一是村民对宅基地所有权普遍存在着迷信和私有的观念，认为老宅是祖辈留下的基业，是"风水宝地"，应该祖祖辈辈传承下去，是一种私有财产，类似的陈旧观念很难扭转，导致"一户一宅"制度很难真正落实到位，造成农村现实工作中对旧房难以拆除到位，集中整理复垦工作难度很大。二是部分村民认为"空心房"和旧宅基地原来是建设用地，如果拆除后复垦为耕地，现状图变更为农用地，今后要建房或作为建设用地报批费用高，程序复杂，村民为"留后路"而不愿拆旧。三是被拆除旧宅的群众得到的补偿费与其心里期望值有较大的差距，不愿意主动退出旧宅，加上农村富余劳动力大量外出务工等原因，农民除解决自己的口粮外，很少希望多开垦耕地靠种植致富。四是部分示范片区示范效应有限，一些示范片区"空心房"数量不多，且分布散乱，拆除后腾出建设用地和新增耕地指标有限，不仅无法满足村民新建住房的需求，而且部分村民搬迁还需贴补一部分费用，政府也无法获得建设用地结余指标收益，整治效益不高，难以吸引农民参与。

第二节　农村"空心房"整治工作的反思

一、明确"空心房"认定标准，完善认定程序

综合各地"空心房"整治的规范性文件和相关法律法规，笔者认为，农村"空心房"的认定应当至少符合以下条件之一：（一）房屋处于闲置状态，且闲置时间在 2 年以上；（二）无合法继承人、无人监管或房屋权属人不合法；（三）房屋完损程度为严重损坏房、危险房或危险程度为 C 级、D 级的；（四）性质上属于违建的房屋；（五）自愿拆除的零星居住房屋或农业生产附属设施房屋。

结合 2017 年最新的国家土地利用现状分类标准，按土地利用现状上附建筑物、构筑物，可以将"空心房"分为以下几类：一是闲置、废弃农村宅基房，包括权属明确的和尚无明确权属的、违法超建的、"一户多宅"的；二是废弃工矿仓储用房，包括废弃的旧厂房、旧仓库、旧砖窑、旧采石、采砂、采矿场等；三是废弃农用设施建筑，包括直接用于畜禽、水产养殖等农产品生产的设施及附属设施用地，如废弃的打谷场、晾晒场、看护房、猪牛栏、粮食烘干设施、粮食临时存放场所、大型农机临时存放场所等；四是废弃公共管理与公共服务用建筑，包括废弃的机关团体办公楼、员工宿舍、劳改所、公厕、垃圾站等。农村"空心房"认定程序应当至少包含以下几个步骤（见图 6-1）。

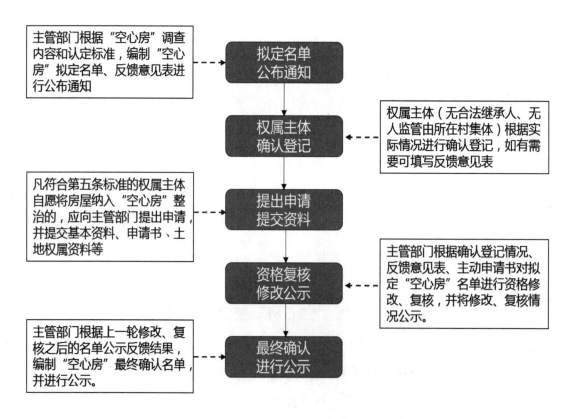

图 6-1 农村"空心房"认定程序

二、加快编制村庄规划和整治计划，充分发挥规划引领作用

在编制村庄规划的时候，要针对各村庄不同的发展水平、发展模式，充分结合

农村产业融合长远发展布局和村民意见，实行差异化的村庄规划编制，合理确定村庄数量、规模、布局和实施时序，重点对中心村和有发展生命力的村庄作总体建设规划，对于小型、偏远自然村做减量规划，鼓励农民在中心村庄建房，促进中心村庄人口和村域扩张。同时探索跨村、跨镇等跨区域空间资源配置的机制，以及村规划指标预留和空间留白的双预留机制，通过划定村镇建设边界和一定的指标预留落实村庄建设与产业发展的弹性调整区域，保障规划的可行性。在全面摸排的基础上，依据土地利用总体规划和"空心房"利用潜力，综合考虑区位条件、水土资源、生态环境风险等，以乡镇为单位组织编制本辖区"空心房"综合整治计划，报县级汇总后，按具体条件和轻重缓急综合筛选平衡，统一编制全县空心房综合整治计划，统一整治标准和验收补助规定，有步骤安排立项实施。

三、明确增减挂钩实质，指标适度向农村倾斜

由于各地政府在"空心房"整治过程中承担的资金压力很大，加之近年来由于城镇化的快速发展，各地建设用地供需矛盾都比较紧张，所以湖南省各地在"空心房"整治过程中格外重视利用城乡建设用地增减挂钩政策。各地通过增减挂钩，一方面可以获得城市建设用地指标；另一方面通过节余指标入市交易可以增加地方政府收入，弥补"空心房"整治前期巨额的资金投入；此外项目收益部分又返还给村民，增加了农村财产性收入。但是我们应当清晰地认识到，城乡建设用地的"增减挂钩"只是一项为保护耕地、节约集约用地而由国土资源部主导的政策，"增减挂钩"没有创造出任何财富，只是转移了财富，因此在"空心房"整治过程中，要谨防地方政府由于误解政策而所造成的各种严重的实践灾难[1]，比如强迫农民拆房、强迫农民上楼等行为。

"十九大"以来党和国家提出的乡村振兴战略本质上就是要推动城乡融合发展，构建一种新型城乡关系。在新时代新要求下，必须改变过去以城市建设为重心，各种资源配置向城市倾斜，对农业农村投入不够的现象，要使乡村从原来的被动接受的从属地位中摆脱出来，突出平等性和主动性，激发内生动力，从而实现乡村振兴的可持续性。因此，在国家大力推动乡村振兴、农村产业蓬勃发展的前提下，湖南省"空心

---

[1] 雪峰. 城乡建设用地增减挂钩政策的逻辑与谬误 [J]. 学术月刊.2009（01）:96-104.

房"整治后的增加挂钩指标在确保县域内耕地数量和质量平衡的前提下，要适度向农村倾斜，满足当地村庄建设和农村发展用地需要，产生的节余指标收益也应向农村倾斜，支持农村产业发展，真正让复垦后的土地产生收益，切实提高农民收入。

四、创新投融资机制，统筹社会资金使用

农村"空心房"的整治，离不开坚实的资金支持和雄厚的财政支援。一方面要调整完善财政激励约束机制，根据各地财政的实际情况合理安排工作经费，适度加大对农村"空心房"整治及复垦开发重点地区的财政转移支付力度。另一方面，要创新资金使用方式、提高支农效能。将各类涉农资金整合捆绑使用和统筹管理，提高资金使用效率和效益。按照"谁投资、谁受益"的原则，建立政府引导、市场运作、社会参与的投资机制，通过以奖代补、贴息、担保等方式，发挥财政资金的杠杆作用，引导金融和社会资本更多地投向农业农村。鼓励各地适度发展 PPP 模式，减少民间资本进入乡村建设的障碍，按照"谁投资、谁受益"的原则，建立政府引导、市场运作、社会参与的投资机制，拓宽农村"空心房"综合整治的资金来源。科学制定农村"空心房"复垦开发收益分配办法，明确不同参与主体的责任、权利和义务，形成稳定的收益分配机制，支持农村"空心房"整治。

五、完善拆后监管机制，进一步提升整治效益

要加快完善拆后监管机制，严格执行落实村庄规划和整治计划。按照规划审批建房，建立农村建房用地巡查制度和土地审批责任终身制度，确保规划严格实施。鼓励村民采用政府统一设计的图纸，集中选址，统一建造。进一步强化问责和公开，健全审计查出问题整改长效机制。复垦后的集体土地可以通过承包等方式就近确定农村集体经济组织和农户使用，开发农业多种功能，积极培育新的产业形态和新的商业模式，推动一二三产业融合发展，带动农民就业致富。同时，为确保"空心房"拆除后的土地能够实现高效利用，建议将"空心房"拆后复垦、复绿工作纳入督查督办事项，把整治效益作为考核和奖惩的重要依据，对未按规划执行建造和整治效益不达标的，实行追责问责，确保整治效益稳步提升。

六、改进宣传方式，转变农民思想观念

当前各地农民对农村"空心房"整治参与积极性不高，其中一个重要的原因就

是农民对"空心房"的认识存在欠缺。因此，各地必须加大宣传力度，切实转变农民思想观念。首先，要提高农民对"空心房"整治工作的全面认识，通过专家宣讲、印制专门的宣传手册，制作宣传专栏等方式，对"空心房"的危害性和整治后会产生效益加以宣传和解释，结合各地"空心房"整治相关政策，从实际出发，向农民解释清楚"空心房"认定标准、拆除程度、补偿标准等与村民利益密切相关的事项，让村民真正理解、认可"空心房"整治。其次，要破除封建思想，消除宅基地私有的错误观念，加大对我国土地国情和《土地管理法》《农村宅基地管理办法》等法律法规的宣传，提升广大农民节约土地资源的思想意识水平，让广大农民逐渐转变宅基地私有的观念，自觉按有关规定和标准申请宅基地。最后要将整体推进与重点突破相结合，大胆探索，积极创新，注重发挥先进典型的示范带头作用，打造样板，创造经验，着力形成一套可操作、可复制、可推广的经验。积极组织有关村干部、村民代表、理事会成员到整治示范村庄参观学习，激发他们求美求变的强烈欲望。

第四篇

探索与建议

第七章

农村"空心房"整治目标与策略

"十九大"报告中提出农业农村农民问题是关系国计民生的根本性问题，必须始终把解决好"三农"问题作为全党工作的重中之重，实施乡村振兴战略，提出要在2050年之前实现农村"产业兴旺、生态宜居、乡风文明、治理有效、生活富裕"的总体要求。要紧紧围绕"乡村振兴"这一主题，以"空心房"整治作为推进乡村振兴战略的"先手棋"和突破口，与农村环境整治、农村宅基地退出、美丽乡村建设等重点工作紧密结合，节约集约利用土地资源，推进乡村环境整治，实现乡村振兴。

第一节 "空心房"整治的目标

一、产业发展，生活富裕

实施乡村振兴战略，产业兴旺是重点，生活富裕是根本。农村"空心房"整治要以"产业发展，生活富裕"为目标，通过对"空心房"的拆除复垦，形成连片集中的农用地，提升农业的规模化生产；通过"空心房"的综合整治，提高耕地质量等级，提高农业产量和农业生产效益，促进农民增收；通过"空心房"的综合整治，整合利用散乱、废弃的建设用地，为乡村产业发展提供用地保障，解决产业发展用地问题，为产业生产提供基础配套设施，提高产业生产效率。

乡村产业必须坚持"质量兴农、绿色兴农、品牌强农"的发展方向，以农业供给侧结构性改革为主线，推动乡村产业规模化经营及产业结构的优化升级，以农村"空心房"整治为抓手，助推农村一二三产业融合发展，加快构建现代农业产业体系、生产经营体系，实现乡村产业振兴发展，以产业发展带动乡村全面发展。通过农村"空

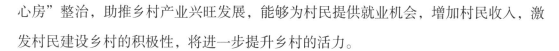

心房"整治，助推乡村产业兴旺发展，能够为村民提供就业机会，增加村民收入，激发村民建设乡村的积极性，将进一步提升乡村的活力。

二、生态宜居，绿色发展

乡村振兴，生态宜居是关键。良好生态环境是农村最大优势和宝贵财富。必须尊重自然、顺应自然、保护自然，着力留住农村的青山绿水，构建村民安居乐业的美丽家园。要以农村"空心房"整治为抓手，统筹推进规范村民建房，着力解决农村建房"散、乱、空"的特点；加强对农村沟渠塘坝清淤疏浚、黑臭水体治理、垃圾和生活污水处理，从源头上改变人畜生活污水污染环境问题；要大力实施农村"厕所革命"，加大农村厕所无害化改造和粪污治理力度，让农村群众用上卫生的厕所。要着力加强农村基础设施建设，尤其是涉及村民日常生活的水、电、公路、通信等公共服务设施建设，着力改善农村人居环境，维护村容村貌，节约土地资源，促进村庄经济发展，实现百姓富、生态美的统一。

三、乡风文明，治理有效

乡村振兴，乡风文明是保障，治理有效是基础。既要提升农民精神风貌，培育文明乡风、良好家风、淳朴民风，不断提高乡村社会文明程度；又要建立健全党委领导、政府负责、社会协同、公众参与、法治保障的现代乡村社会治理体制，确保乡村社会充满活力、和谐有序。

在"空心房"整治过程中，要抓好"移风易俗"这个重点，推进乡风文明，治理有效。一方面要通过"空心房"整治，完善农村文化发展的相关配置设施，另一方面要着重建设文化人才队伍，提高村民参加农村文明发展活动的积极性。借助"空心房"宣传工作，加强农村科普活动，抵制封建迷信活动，提高农民科学文化素养。要强化农民的社会责任意识，法律意识、集体意识、主人翁意识，促进农民真正有效地参与到"空心房"整治的每个决策环节，争得公众的意愿，切实保障农民权益。充分发挥农民主体作用，依靠自己的勤劳、勇敢、智慧，共同建设美好家园。

另外，"空心房"整治过程中，要加强农村基层组织建设，构建乡村治理新体系。要突出抓好基层基础这个根本，加强农村基层党组织、带头人队伍和党员队伍党风廉政建设。切实提高农村基层干部法制意识，严格宅基地的审批制度，规范、完善村民自治规章制度，建立健全村务监督委员会，确保整治过程公平公正，保障村民的参与权、知情权和监督权，切实维护村民的切身利益。

第二节 "空心房"整治的原则

一、综合规划，分步推进

合理的村庄规划对于村庄的整体发展和整体美观的重要性是不言而喻的，是提高村庄整体运行效率和降低村庄整体运行成本的重要保证[1]。在"空心房"整治过程中要充分考虑"空心房"的规模、区位、破败程度、人口情况、道路交通、基础设施、搬迁成本等因素，依据土地利用总体规划、城镇体系规划以及交通、水利等相关规划，科学编制"空心房"整治规划并完善村庄规划。要以促进地方经济发展、改善农村环境、提高农业综合生产能力为目的，既要注重规划的科学性、前瞻性和可行性相统一，又要注重突出农村特色，坚持人与环境的和谐，贯穿生态理念，体现文化内涵。以试点先行推动，先选出一些有代表性的、比较容易整治的"空心房"，其他村民看到这个先行点的运作模式和效果后，接着跟进，或效仿、或改善，先易后难，示范引领，在成功的基础上，逐步展开、推进。

二、村民自愿，政府引导

村民自愿是指要以人为本，从农村实际出发，尊重农民意愿，组织动员和引导农民积极参与到"空心房"整治的各个环节，推进"空心房"整治工作的顺利开展[2]。在整治过程中必须坚持以人民为中心的发展理念，充分尊重农民意愿，不搞强制拆除和大拆大建，确保农民利益不受损。政府在村民自愿的基础上，通过对"空心房"整治规划以及农村土地流转、社会保障、财政补贴等政策的改进，搭建农村"空心房"整治平台，联动高效推动"空心房"整治工作。

三、因地制宜，分类整治

由于农村各个村庄所处地理位置、经济条件、自然气候条件、社会文化观念等

---

[1] 朱丽华. 农村"空心化"及其治理研究 [D]. 山东大学，2017.

[2] 刘彦随，等. 中国乡村发展研究报告——农村"空心化"及其整治策略 [M]. 科学出版社，2011.

的不同，村庄发展不同，类型各异。同一村庄之内的"空心房"因所属村民意愿、地理位置、交通条件、破损程度等方面的不同，在整治时也会产生很大差异。鉴于此，在进行"空心房"整治时，采取的政策措施、整理模式、村庄布局等要遵循因地制宜、分类整治的原则，采取一房一策，一定区域采用一定适宜的整治模式。按照"宜耕则耕、宜水则水、宜绿则绿、宜建则建"，根据位置、地类、面积等不同，对腾出土地实行综合系统整治，科学开发利用，实现综合效益最大化。

四、以人为本，保障农民利益

"空心房"的整治应当把维护农民的利益放在首位，注重保障农民的根本利益。首先发展要是以人为本的发展，不应以物质或是经济发展为本；其次以人为本应该是以大多数的人为本，而不是以少数的人为本[1]。在整治政策制定前的调研工作中要充分反映民意，决策中切实考虑人民群体的诉求和根本利益，在关乎人民生产生活的实际问题中给予了民众参与权和表达权。更好地发挥公众监督职能，达到保护公众的利益目标。一切以村民的根本利益为工作指南，结合村民的实际需求，对村落中的"空心房"进行整治，合理地引入现代基础设施，优化老化的基础设施，满足村民日常生活的需求，为居民创造一个健康舒适的生产生活环境。

五、传承乡土文化，保护村落历史遗存

传统村落中丰富的历史遗存是祖先留给我们的宝贵财富。农村"空心房"的整治要注重对乡土文化的研究、继承和发扬。要从实际出发，深入挖掘村庄发展的历史人文特征，在保护和修复具有历史文化价值的建筑物的同时，还要注重对村落空间格局即周边环境要素、环境氛围的保护[2]。对传统村落，应做好发展规划，对村落资源、旅游承载力等进行研究，在不破坏村落历史环境的前提下，合理利用村落的历史人文资源，适度开发，繁荣村落经济，满足村民的物质文化需求，发扬优秀传统文化，改善居住环境，提高村民的生活质量。

[1] 刘艳琼 . 湖南省双牌县"空心村"现象下土地整治对策研究 [D]. 湖南大学，2014.
[2] 刘彦随，等 . 中国乡村发展研究报告——农村"空心化"及其整治策略 [M]. 科学出版社，2011:181.

第三节 "空心房"治理策略

一、农业保护区"空心房"治理策略

1."空心房"成因

由于农业保护区范围主要是适合农业发展的连片土地，包括村庄、耕地、道路、桥梁、水利设施等，就地形而言大多数是平原或者低缓的丘陵，故而农业保护区内的农村"空心房"成因与特点在一定程度上与平原地区的"空心房"的情况类似。其成因主要如下：一是村民收入水平不断提高，建房能力和需求提升；二是受城市化影响，农村产业与就业快速转移，人口大量非农化；三是农村缺乏科学规划，无序建房现象严重；四是基层管理缺位，宅基地审批、新建随意；五是农村封建传统观念浓厚，建新不拆旧，"一户多宅"现象普遍。

2."空心房"生命周期与特点

农业保护区内的农村经济发展程度参差不齐，其"空心化"演进的生命周期也各不相同。部分经济发展水平较高、距离城市较近或者交通相对便利的农村，处于"空心化"的兴盛期，"空心房"数量增长很快。造成这种现象：一方面是因为农村劳动力主要以短期流动方式为主进行非农化转移，造成宅基地的"季节性闲置"；另一方面农民收入水平的提高和改善住房的需求提升，导致新建住房迅速增加，村民建新的同时却不拆旧，导致农村空置、闲置的宅基地大量出现；此外由于近年来农村果业、蔬菜种植业、养殖业、休闲农业等发展使得农业生产和居住生活发生了很大变化，许多家庭在各自的农业用地中分散地建设永久性或临时性房屋，由此产生"农业家园"的新现象，其结果也导致原有宅基地的空置与废弃。部分经济发展水平较低、距离城市较远、交通不太便利的农村，处于"空心化"成长期，村内闲置、废弃建筑并不多。一是因为这些村庄农民由于交通不便等原因大多仍在村庄务农，农村新房建设主要有"核心"家庭的增多引起；二是闲置的建筑有相当一部分是聚落在传统农业生产条件下所必须的打麦场、池塘、秸秆草料堆场等生产设施用地，因其用地职能转换的速度严重迟缓于农业生产内容转换速度而逐渐遭到空置和废弃，所以村内空置、废弃宅基

地现象并不是特别突出。总体来讲位于农业保护区的村庄相对城市仍较为落后，基础设施建设水平不高，规模不大，同时由于村庄规划的落后，土地利用率并不高，土地资源浪费比较严重。

3. "空心房"整治方向

首先要均衡城市布局，大力推进城市化，增加城市数量，特别要发展一批县辖小城市，使农户更便捷地享受城市公共服务；重点发展小型专业农户居民点和0.7万~0.9万人的大型居民点，并按照城市的标准建造；小型专业农户居民点与9000人左右的大型居民点之间的其他居民点是"人口不稳定的居民点"，是"公共服务投入低效率陷阱"，长期看，村庄建设会导致浪费，乐见小型专业农户居民点与大型居民点之间的村庄通过市场作用逐渐衰落。在农业保护区内，村庄全部占地不得用于非农业产业开发，建设用地只能少不能多，遵循"只出不进"的原则，主要将农业保护区外的农村建设用地活用起来。

4. "空心房"整治模式

（1）小型专业农户（职业农民）居民点模式

模式内涵。该整治模式主要适用于经济发展水平较高、基础设施相对完善，且以农民非农产业和非农收入为主、"空心化"生命周期主要处在兴盛期的村庄类型。核心是通过对一定范围内散乱村庄进行空间整合，使村庄原有大多数居民搬迁至就近的大型居民点，只保留极少部分为专业农户，在对原村庄宅基地和空闲土地进行成片土地整理复垦基础上，扩大专业农户土地经营规模，集中建设规模连片、高产优质的标准化基本农田，以凸显农业保护区土地利用主体功能，保障农村资源的合理利用与农村经济社会的协调发展。

整治途径。该整治模式的要点是将小型专业农户居民点纳入城市进行统一规划、统筹配置。通过对原农村居民点用地、低效利用的打谷场和空闲土地进行综合整治，使农村真正成为职业农民的工作与生活区域，农民仅仅有职业身份甄别的意义，其余社会身份和城市居民完全一样，实现耕地面积有效增加和土地经营规模化。小型专业农户居民点形成以后，虽然有利于农业规模化、专业化生产，但向这些居民就地提供公共服务很不方便，而半小时车程以内的小城市正好弥补这个缺陷。故小型专业农户居民点将不再需要设立独立的公共组织，其公共事务归于小型城市或其他类型城市的郊区政府。小型居民点的生活污水按照生态专家提供的意见，可以通过自然降解得到处理。

（2）大型居民点模式

模式内涵。该整治模式适合于远离市区或中心镇，农村经济发展水平不高、村落比较分散、规模比较小主要处于"空心化"成长期的村庄，以及部分基础设施较为落后、农民就业以农业为主、"空心房"数量较多、土地闲置面积大的处于"空心化"兴盛期村庄。要点在于大力推进城市化，增加城市数量，特别要发展一批县辖小城市，使农户更便捷地享受城市公共服务。促进农村居住集中化、产业发展集聚化、土地利用集约化。以农村组织、产业和空间"三整合"为主要途径，通过对一定范围内散乱村庄进行空间整合，建设人口规模在 5000~10000 的大型居民点（即中心镇或小城市），集中配套社区公共设施与服务设施，将原有农村融入新社区、新村庄的理念，构建新型的乡村形态和肌理，导入全新的乡村治理结构。推动原村庄农民向产业升级区（项目）聚集、向产业融合区（项目）聚集、向条件好的行政村聚集、向资源好的地区聚集。形成多种适度规模化的村落，具有适度集中、有效服务半径的一个村庄结构，进而促进村庄周边形成集中农业服务，促进交通、产业结构进一步调整，实现村落重新聚集和调整。

整治途径。要改革行政区划制度，将农业区的县域尺度适当扩大，在县域内适当发展小型城市，使绝大多数农户到城市的距离减少到半小时车程之内；要在城乡全域建立以城市为中心的公共服务体系，确保农户平等享受城市公共服务，实现城乡公共财政全覆盖；大型居民点的选择需要考虑交通区位、中心性、基础条件等因素，应选择交通便利且处于整合村庄的相对中心位置，把能够具备小学、诊所、商业服务设施等基础条件的村镇作为中心大型居民点，其住房设计应充分考虑当地农民从事生产、生活习惯和从业类型的多样性，其公共设施应当按照城市标准进行设计。

二、生态保护区"空心房"整治策略

1. "空心房"特点

生态保护区以涵养水源、保持水土、调蓄洪水、防风固沙、维系生物多样性等重要生态功能保护为主，基于生态系统单元，划定一定区域予以保护，并且限制开发建设。划定生态保护区一方面为了保护具有重要生态功能的区域，另一方面为了防止和减轻对生态脆弱、敏感地区的干扰。

生态保护区内的村庄由于资源、环境条件较为苛刻，经济发展较为缓慢，村庄不仅数量较少、而且规模不大且零散，周边自然环境较原始但是容易被破坏，多分布于偏远山区。因此生态保护区内的村庄出现"空心房"数量不多，其"空心化"程度主要处在出现期和成长期。大多数闲置、废弃的"空心房"是因为部分先富起来的村民因为旧有住宅的各种缺陷而在村外新建住房导致的，主是由农村的内核系统变化引起的，且由于村庄规模较小，富裕农户数量较少，故村庄"空心化"趋势较为缓慢，空闲、废弃宅基地数量有限。加上常伴有水土流失、滑坡等地质灾害的威胁，房屋寿命缩短，危旧房现象较严重。

2."空心房"整治方向

生态保护区内农村"空心房"整治要以生态保护优先，减少建设用地的开发，农村"空心房"整治按"宜绿则绿、宜林则林"的原则，恢复土地的生态功能。对于需要进行生态修复、防护的区域，除了修建必要的生态防护工程外，不再新增农民建房。对于生态条件较好、地形较开阔平坦、资源承载力较强的区域，可适当发展大型居民点，吸纳生态重点保护区域和生态脆弱区域的居民点搬迁。

3."空心房"整治模式

（1）异地整体新建模式

异地整体新建的整治模式主要适用于当地自然环境恶化，村民的生命、财产容易受到威胁；自然条件限制，交通闭塞，地段较为偏远，农村经济和人民生活水平的提高较为困难。异地新建选址新的搬迁地点首先需要了解该区域的发展前景，做科学的可行性研究，选择适应村民生产、生活并且可以得到长远发展的地点，避免受到再次搬迁的影响。其次制定完善的搬迁和后期发展计划，对于搬迁的具体事宜应做到充分的考虑，并能调动起村民的搬迁积极性；后期的生活生产计划也应考虑全面，划定生产区域和生活区域，为村民提供保障。

（2）下山"迁村合并"模式

借鉴义乌边远山区"异地奔小康"的农村整治模式，对位于边远山区的村庄整治采取下山"前村合并"模式，即村庄的迁移和合并。在生态保护区内，根据村庄的发展现状和条件，通过分析各村的各项基本因素如人口、规模、区位、经济等，合理规划出大型居民点建设区域，使自然村向其靠拢。农村"空心房"整治应该贯彻"以人为本"的治理理念，将宅基地、土地、道路交通、基础设施、生产活动等各项因素考虑进来，为村民提供适宜居住的生活环境，因此，对于分布较为密集、规模小、基础设施配套建设难度大、管理不便、发展困难的村庄可因地制宜采取一次性或是分阶段进行搬迁。迁村后的原村庄土地视情况进行还耕、还林，实现中心村与自然村经济与自然环境和谐发展。迁村合并不仅有利于土地资源的集中使用，最大限度地节约土地资源和提升土地的经济价值，使各村在一定基础上形成农业特色，推进农业的特色化运作和专业化分工，还可以增加新的可利用的土地资源产生新的社会、经济和生态效益。迁村合并后的村庄要严格按照国家标准规定控制人均居住面积，坚持"一户一宅"的原则，禁止再度出现宅基地的废弃与闲置[1]。

三、城镇拓展区"空心房"整治策略

1."空心房"特点及其所处生命周期

城镇拓展区内土地以城镇及部分农村居民生产生活为主体功能，包括城镇建设空间、工矿建设空间、部分乡级政府驻地的开发建设空间以及城镇开发拓展空间。

城镇拓展区内的农村"空心房"主要分布于"城中村"和城郊地带，受城镇化影响，农村产业与就业快速转型，村庄基础设施相对完善，农民以非农就业和非农收入为主。在村庄建设和发展变迁过程中，由于缺乏科学规划、管理缺位、环境污染等因素，大量村民外迁到环境更好的城市居住，但是由于户籍制度改革没有根本性进展，严重制约了农村居民转变为城市居民的彻底性，造成农村出现了大量的空置、废弃房屋。近年来由于农村改革发展、土地制度与政策创新等，农村外援驱动力引致的农村"空心化"趋缓，加之政府加强了对农村住宅用地的监管，村庄在外延扩展的同时转向内涵发展，所以城镇拓展区内农村"空心房"增减逐渐趋缓。总体来看，城镇拓展区村庄

---

[1] 刘艳琼. 湖南省双牌县"空心村"现象下土地整治对策研究 [D]. 湖南大学，2014.

"空心化"程度主要处在兴盛期和稳定期。

2. "空心房"整治方向

考虑到城镇的扩展壮大，城镇拓展区内土地价值升值是一种必然，如果此类"空心房"整治完全按照农村住宅的要求进行考虑则缺乏前瞻性，不科学。因此，应该在尊重村民意愿的前提下，以城镇的眼光来进行土地整治，用城镇建房的理念建设村民的房屋，这样不仅客观上能加快当地城镇化进程，还推动了村民生产生活环境的改善和质量的提高[1]。

这类空间范围内的"空心房"整治要顺应城镇化的发展趋势，建立城乡一体化的社会保障体系，实现农村人口的城镇化，对"空心房"进行统一整理和空间置换，结合都市现代设施农业的发展进行农地整理[2]。

3. "空心房"整治模式

由于受到城镇辐射的影响，正在进行乡村向城镇发展的转变，这类空间范围内"空心房"整治采用城镇化引领型模式。

模式内涵。根据农村产业结构变换与劳动力非农就业发展趋势，以新型城镇化为平台，创新城乡土地统筹配置与利益分配机制，解决农民非农就业与居住的空间匹配问题，规避对城乡土地资源"双重"占用。该整治模式的要点是将村庄居民点纳入城镇建设扩展地区进行统一规划、统筹配置。通过对农村居民点用地、低效利用的打谷场和空闲土地进行综合整治，实现农民居住城镇化、耕地面积有效增加和土地经营规模化。

整治途径。城镇拓展区内"空心房"整治要与城镇体系规划有机结合起来，以市区和中心城镇发展引领为动力，推进农村农业人口的非农转移和"空心村"整治，以产业和居住用地集中、组织整合为导向，发挥当地资源优势，规划建设农副产品加工业园区，发展农村服务业，形成农产品产加销一条龙、贸工农一体化的产业链条。住房设计以多层楼房为主，建设相对完善配套的各项市政服务设施。在村庄整治的同

---

[1] 刘艳琼 . 湖南省双牌县"空心村"现象下土地整治对策研究 [D]. 湖南大学，2014.

[2] 刘彦随，等 . 中国乡村发展研究报告——农村"空心化"及其整治策略 [M]. 科学出版社，2011:126.

时，由县和乡镇政府主抓规划编制、政策制定、资金筹措、质量监督等关键环节，根据村庄综合整治后土地用途的不同，采取多元化的开发利用模式。对于整治后土地用于城镇和工业用地的，可采取土地入股、联合开发整理的股份制模式，对于整理后土地用于农业用地的，可采取以政府投入为主导，土地集中整治与规模经营的一体化模式[1]。

---

[1] 陈玉福，孙虎，刘彦随. 中国典型农区空心村综合整治模式 [J]. 地理学报，2010(06):727-735.

第八章

城乡社会治理一体化建议

党的十九大报告提出实施乡村振兴战略，强调要"健全自治、法治、德治相结合的乡村治理体系"。这是一个重大战略决策，是国家治理体系和治理能力现代化建设向广大乡村的历史性延伸，具有深远的意义。当前，城乡发展不平衡，加快构建城乡治理新体系仍面临诸多难题，亟需加强城乡治理体系和治理能力建设，让广大农民共享国家治理现代化的成果。

第一节　构建现代化的乡村产业体系

近年来，由于农村农业生产技术落后、缺乏竞争力，农业增长速度缓慢，农民收入水平不高。农村下一代劳动力短缺、农业发展后劲不足。要借助"空心房"整治，加快建立现代化的农业体系，合理组织农业生产，提高农业生产效率，实现农业产业升级，提升农业产业竞争力。

一、建立现代化农业生产体系

科学规划农业生产布局。根据未来农村发展的长远规划和发挥比较优势的要求，科学确定乡村多功能农业发展重点，整合乡村优势农业资源，形成优势互补、分工明确的农业生产布局。有效挖掘和利用乡村竞争力较大的资源，制定一个分工精细、互补性强的农业发展体系[1]。要加快促进农业形式的升级与优化，在留有基础土地耕作的前提下，瞄准市场需求，根据地形地势特点，利用地方气候、环境优势，促进水产

---

[1] 黄娱隽 . 农村"空心化"问题现状及对策研究 [D]. 南昌大学，2017.

养殖类、园艺类以及畜牧类等多种农产品的生产。

推进农业规模化、产业化和现代化。开展农村土地综合整治，改革乡村宅基地体系，对村庄进行重新整合规划，集中农村土地规模，瞄准市场需求，科学引导农业生产活动。依托附近小城镇市场资源、服务设施，大力发展现代高效农业，积极培育专业大户、家庭农场、专业合作社等新型农业经营主体，加快农业产业化进程。鼓励农民围绕小城镇产业提供配套、原料和人力支撑，对第一产业进行分工与协作，增强第一产业科技化与技术化性能，促进第一产业向集约化的方向靠齐，实现规模效益。同时，结合市场经济的发展理论，以乡镇为载体，推动优势特色产业融合发展，拉长农业产业链条，扩大农业招商引资规模。依靠科技进步为农业带来效益，用"互联网＋"提升农业的竞争力，借助物联网技术，建立智能农业平台，实现种养加结合的标准化生产模式，并通过物联网系统及时地把环境数据与农时指导作业的信息推送给农户，让农户更科学方便地管理。

实施农业生产的标准化，提高农产品质量。通过实施农业生产的标准化，从产品生产、收购、储运、加工、销售各个环节实行全方位的质量监控，以市场为导向，建立健全规范化的工艺流程和衡量标准，提高农产品质量和竞争力，提升农业商品的品质，确保在市场竞争中有足够的优势。以农业标准化带动农业生产专业化和区域化，进而促进农业科技成果转化和推进产业化经营，推动农业的战略性结构调整。

二、大力调整农村产业结构

完善农业内部产业结构布局优化。在保障基本粮田种植的基础上，积极推动湖南省的棉花、油料、苎麻等传统优势农作物种植，因地制宜地发展油菜、油桐、茶叶、柑橘等经济作物种植，完善农业种植结构。大力扶持和发展农村的养殖业。当地政府应该借助于国家的扶农和惠农政策，投入大量的资金和技术大力推进养鱼、养猪等养殖业的发展，促进农民养殖规模化经营，积极帮助农民开拓农副产品的市场，延伸产业链条，塑造特色品牌。提高农民的积极性，留住一部分外出的农民，甚至是引导一部分外流的农民回村就业，缓解经济发展过程中出现的劳动力外流而造成的"空心化"现象。

因地制宜发展休闲农业和乡村旅游业。积极开拓和挖掘农村良好生态自然环境下潜藏的旅游资源，瞄准市场需求，通过基础设施和公共服务的改善，发展农家乐、生态旅游及田园式养老等功能于一体的规模化旅游产业，吸引更多的劳动力回归。有历史、民俗等文化资源的乡村，在保护村庄文化的前提下，可以积极发展乡村文化旅游业，一方面弘扬优秀传统文化，另一方面促进当地经济的发展和农民收入水平的提高。

促进一二三产业融合。促进农村产业融合发展，并不意味着要在农村实行规模扩张，大量新增建设用地。农村的发展，必须坚持底线思维，确保在不占用永久基本农田、不突破建设用地规模、不破坏生态环境和人文风貌的前提下开展。

这就要求我们必须提高农产品的质量及其附加值，提升土地利用效率，通过适度规模化实现经营结构的升级，发展如"稻田＋田园综合体""果林＋采摘游乐""果林＋菌类"等多种业态的产业融合结构。积极拓展农副产品、加工产品、文化产品，延伸价值链条，提升产品价值，实现三产带动二产、一产的发展。

三、促进乡镇龙头企业的发展

1. 乡镇龙头企业的概念

要发展农业产业化经营，提高农业附加值的话，企业是"龙头"，是推动农业产业化的关键环节。这里讲的龙头企业主要是指以农作物或禽畜产品为原材料进行加工型生产的企业，其原料直接来源于农业生产，所以这些企业通过在村里建立原材料生产基地，将农村小规模自给自足型的传统生产模式引入现代化市场导向的生产模式，从而带动村庄经济的发展[1]。在农业产业化链条中，龙头企业的经济实力和带动能力直接决定了农业产业化的规模和成效。

2. 龙头企业的效益

一方面，龙头企业的发展和内涵的提升可以为农村现代农业发展提供资金、技术和信息等生产要素，另一方面，现代农业的发展又可以为乡村企业提供丰富的原材料和广阔的市场。因此，培育龙头企业，既有利于农业生产走向产业化和规模化，同时也有利于为乡村社会内部的良性循环创造良好的环境，提升企业对优势劳动力的需求，吸引农村劳动力就近择业，缓解因劳动力外流而导致的农村居民点"空心化"发展。

---

[1] 王金凯，吴恩福.《中国特色村实践探索》[M]. 北京：中国社会出版社，2007.

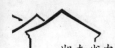

3.发展龙头企业的方式

依托农村地区农业产出条件，本着实事求是、因地制宜的原则，根据当地百姓的现有基础、种植习惯和地理条件，选择合理主栽品种，以建立农产品加工企业为突破口，结合农业产出优势地区的农业生产条件，就地加工农副产品，促进产业品种多样化、结构合理化，实现专业化生产、规模化发展，塑造出自己的特色品牌，提升农产品价值和农业整体效益。例如湘阴县就以当地的特色产业种植为基础，充分发掘土地自然资源、农田生态景观和乡村文化价值等功能，培育自己的特色农产品品牌，吸引龙头企业落地，实现农产品就地加工，促进了农业发展水平的提高，一定程度上缓解了农村劳动力外流。

第二节　完善城乡社会治理体系

乡村基层治理的特点是接触面广、处理事务量大并且与群众面对面，是社会治理体系中的至关重要的一环。随着我国农村经济社会改革的进一步深化，城镇化的加快，农村社会发生了巨大变迁，特别是在农村"空心化""空心房"问题日渐凸显的情况下，乡村基层仍沿袭旧有的基层治理方式，产生了诸多问题，亟需改进。

一、明确县乡政府职能

明确政府各部门职能，建立协同治理体系。现在我国"空心村"整治都是由政府引导和推动进行的，农村建设规划还处在初级探索阶段，各项法律规定都不健全，在实际"空心村"整治中政府各部门职能交叉、缺位。在"空心房"整治过程中，涉及政府众多机构如：农业部门、国土资源部门、财政部门、住建部门、环保部门、乡镇政府部门等，此外还涉及村集体组织和改造主体个人，情况十分复杂。有些部门权职不清晰，在整治建设过程中有些事都管，有些事又都不管，不利于"空心房""空心村"的整治，无法尽快解决问题。政府部门应当明确职能，从协调统一角度进行职能分配，明确干部负责专抓，按照工作职责，全力配合好、服务好整治工作，在村庄整治过程中多提供优质高效服务，如规划整理中给予引导和扶持，整治过程中提供相关的信息平台，帮助农村维护权益，获取多渠道资金等。让政府清楚地知道其在建设农村里面所要履行的责任及义务，要在发动村民、施行方针、财政收支以及舆论宣传等方面充分发挥政府主导作用[1]。促使各部门、各主体形成工作合力，高效有序地推进的体形成工整治工作。

提高土地监管部门执行力。土地监管部门的执行力是避免"空心房"现象的关键。首先，土地监管部门对已经存在"空心房"现象的村庄应该及时进行检查，调查村民的实际情况，对"一户多宅"的村民进行劝说，采取多种方式依法逐步收归村集体所有；对无明确所有权的具有安全隐患的"空心房"，实施坚决拆除的方式，防止土地资源的进一步浪费，将安全问题解决在萌芽状态。其次监察部门应该联合国土资源部门、公安部门、司法部门、公资部门、审计部门建立联合执法体系，加强执法能力，有效地解决不同类型、不同性质、不同程序的土地违法问题。最后，应该建立一套责任到人，奖惩并施的工作机制，对监察人员进行必要的法制教育，明确责任；对管理成效好的村干部给予一定的物质和精神上的奖励，提高村干部的参与意识和积极性[2]。此外，审查人以示负责需要签字盖章，县级国土部门需要定时随机抽查，确认情况报政府批准，其中如遇到情况不符合的实事，应及时做出处理，责任到人。其次在宅基地的布局规划上，在总体规划的指导下，根据村庄的实际情况，合理地确定类型不同居住用地的规模，规范村民新建住房，较为偏僻的村庄和自然村要逐渐向中心村集中，集约节用土地资源，提高土地效率。

加大土地管理者违法成本，严格控制土地管理者违法。"空心房"现象的出现，与目前土地管理责任人违法成本较低有着不可忽视的关系，基层干部违法占地、违法批地的现象层出不穷。要加强土地管理和监督检查，加大执法力度。对未按照有关法律法规，未按照农村发展规划和有关流程进行审批，或未经审批违法建造住宅的，一经查出，从严从快处理，及时发现和制止违规批地、违法占地等现象的发生，争取把问题处理在萌芽状态，严防新的土地资源浪费[3]。

二、加强乡村基层治理

[1] 刘彦随.中国农村"空心化"问题研究的进展与展望[J].地理研究，2010(1).

[2] 刘艳琼.湖南省双牌县"空心村"现象下土地整治对策研究[D].长沙：湖南大学，2014:34.

[3] 李宇.河南省平原地区"空心村"探索研究——以淮阳县为例[D].郑州：郑州大学，2017:30.

乡村振兴，治理有效是基础。改革开放 40 年来，分户家庭经营成为农业经营的基本模式，农村集体经济大多弱化；同时，工业化与城镇化优先的发展战略中，农村要素向城市流动的速度不断加快，农村空心化老年化问题日趋严重，特别是村民自治制度落实不到位，农村党的组织先锋模范作用在不少地区的弱化，农村发展失去了活力；以宗教、宗族和宗派为代表的"三宗"势力在农村地区有所抬头，乡村基层治理呈现出低效、无序状态。这些都制约着我国农业农村的发展。

在中国特色社会主义进入新时代，社会主要矛盾发生转变的大背景下，农业农村发展的不充分成为实现"两个一百年"奋斗目标的最大短板和短腿，为了加快推进农业农村的现代化，"十九大"确立了实施乡村振兴的重大战略，并明确提出必须把夯实基层基础作为固本之策，建立健全党委领导、政府负责、社会协同、公众参与、法治保障的现代乡村社会治理体制，坚持自治、法治、德治相结合，确保乡村社会充满活力、和谐有序。

1. 健全基层党组织，发挥党员先锋模范作用

党的基层组织是党与乡村联系的纽带，也是提高党的执政能力、巩固党的执政党地位的基础。然而由于农村经济结构的变动和农业经营方式的转变，引发了利益格局的调整和思想观念的变化，党组织在基层的影响力被弱化，部分地区党组织难以发挥其保障、联系、引领、示范的功能，党组织没有真正地扎根于群众，在推进农村经济发展、做强优势产业等方面也力不从心。

强化农村基层党组织领导核心地位，必须创新组织设置和活动方式，着力引导农村党员发挥先锋模范作用。可以适当下移党组织建设中心，在自然村落中或经济小组中建立党支部，实现党组织在新时代下对农业农村活动的领导，有效发挥党员的积极带头作用，密切党群关系，增强基层党组的活力，以应对农村社会发展及农业经营方式转变过程中出现的新挑战。在地区经济发展达到一定水平以及农业产业发展特色鲜明的地区，可将党组织与优势主导产业发展相结合，依托产业链建设党组织，促进产业的协调发展，增强农村的经济发展活力。但是，基层党组织的建设要避免为了覆盖而覆盖的误区，确保成立的党组织能够真正发挥党员引领作用。同时，在党的领导下，并不意味着党员要包办一切，基层党组织的建设在起到政策宣传作用的同时，还

要发挥其兜底和有效监督的作用。严厉整治惠农补贴、集体资产管理、土地征收等领域侵害农民利益的不正之风和腐败问题，全面落实村级组织运转经费保障政策。

2. 坚持农村"自治、法治、德治"相结合

自治是根本。基层群众自治制度是我国的一项基本政治制度，是农民在党的基层组织带领下，实现民主权利、参与国家治理、实行民主监督、强化自我管理、共建美好乡村的基本形式。法治是关键。全面依法治国是我国国家治理体系和治理能力现代化建设的重中之重，乡村治理也必须坚持走法治之路。德治是基础。德治具有文化的穿透力、长久的感染力，是中国乡村历史绵延不断的传统，也是乡村治理现代化的重要资源。

增强基层民主自治能力。先要扩大村委会选举过程的公正性和公平性，当选的村干部自己也要充分发挥干部的模范作用，同时也要注意自身形象，提高个人品德素质。在此基础上充分调动村民对于选举的积极性和参与度，实现选举真正意义上的民主。推行村级事务阳光工程。依托村民会议、村民代表会议、村民议事会、村民理事会、村民监事会等，形成民事民议、民事民办、民事民管的多层次基层协商格局，实现村委会对村庄进行高效、有序地治理。农村治理的范围与主体身份应根据实际情况及时调整。通过村民自我推荐或选举，吸收具有代表性的优秀村民成为所需治理的"空心房"农村的支委和村委的重要成员，形成农村基层支委和村委干部、农村精英及普通村民多元共治的局面。

建设法治乡村。坚持法治为本，将政府涉农各项工作纳入法治化轨道。紧紧把握农村土地"三权分置"改革这个关键，完善有关法律法规，切实保护农民权益。土地管理者不仅需要坚强法律法规的学习，还需要加深其对专业知识的培训，切实做到严格执法、公正执法、以身作则。对知法犯法的行为坚决查处，坚持惩罚力度最大化的惩罚方式。对乡村基层组织及其带头人进行全方位监督和考核，理清管理部门各方权责，杜绝权力滥用，防止权力腐败。对违反宅基地管理制度执行不彻底甚至违反管理有关规章制度的管理人员严加处置。要在刑事责任上、罚款力度上、个人任职资格

---

[1] 刘艳琼.湖南省双牌县"空心村"现象下土地整治对策研究[D].长沙：湖南大学，2014.

上得到体现，树立起法律的威信[1]。要对广大村民普及法制教育，引导农民遵法守法并能够以法律为武器来维护自己的合法权益。

提升乡村德治水平。要加大社会主义核心价值观的宣传教育，充分汲取地域文化、传统村规民约中蕴藏的乡村治理智慧，结合时代要求进行创新。深入挖掘农耕文化蕴含的优秀思想观念、人文精神、道德规范，充分发挥其在凝聚人心、教化群众、淳化民风中的重要作用。建立道德激励约束机制，引导农民自我管理、自我教育，实现家庭和睦、邻里和谐、干群融洽。开展移风易俗行动。全面推进红色文化教育传承，深入宣传道德模范、身边好人的典型事迹。让丰富的传统德育文化、红色文化和珍贵的文化遗产活起来，成为乡村治理体系和治理能力现代化建设的鲜活资源。

3. 培育各类社会组织

（1）培育社会组织的效益及必要性

社会组织一般是指政府和企业外的民间组织，并且是不以营利为目的的，带有民间性质、公益性质、互助性质和自治性质等特征。社会组织在社会治理和公共服务领域中的作用日益突出，可以实现村与村之间的跨越，不断扩大村民的参与范围，提高村民的参与能力，扩大社会组织的辐射范围，一定程度上弥补村级组织的缺陷和不足。目前中国农村尤其是"空心化"比较严重的村庄，社会组织缺失严重。而"空心房"治理又是一项综合性的系统工程，需要多方面的协调和配合，尤其是治理过程中的村庄的规划设计、技术指导、项目的引进等方面，要发挥好社会资本的力量。"空心房"治理，不是简单地进行居民点搬迁、土地整治，在村庄规划编制、房屋风格的设计、村内绿化布局、村内企业工厂的引进等都需要相应的专业机构和组织。

（2）要培育多种类别的社会组织

为了助推农村"空心房"整治，可以培育和发展多种民间组织。其一，是企业商会、协会等，社会组织的运转需要大量资金，除了政府资金支持之外，还需要吸收大量社会资金，可以利用村内外出务工经商人员，在外所拥有的资金、技术以及人脉关系等资源，积极引导他们回村投资建厂，为村内发展出谋划策，推动村内社会经济的发展，改变村内发展缓慢，人口不断外流的状况。其二，在村内也可组织有威望的老人、退休干部、军人、经济能人等组成村民理事会或者乡贤理事会等，积极推动村民自治和发展村内公共服务，通过发动村民群众，按照"民事民办、民事民治"的原则，完善村内公共基础设施的修建和改善，推动村内公益事业的发展，引导村民实现垃圾分类处理、加强环境保护以及可以鼓励群众自筹资金修建村内体育、文化中心等设施。这些民间组织的存在，能够极大地推动"空心房"整治工作的顺利展开，应当积极培育和发展，发挥社会资本的优势[1]。

三、乡村自治体下沉探索 [2]

1. 下沉背景

目前我国村民自治体设置中覆盖人口过多，地域过大，有一定弊端。一是行政村干部忙于应付县乡政府任务，无暇顾及农村居民对社会公共服务的需求。二是在自然村或村民小组中蕴藏的社会管理资源与服务资源难以得到有效利用，不利于提高农村社会服务质量，也不利于农村社会稳定。三是导致农村公共服务的合理设置遇到多重困难，本应由政府承担的公共服务之处转嫁给了村集体经济，变相加重了农民负担，不利于农村产权改革和经济的发展。

2. 下沉意义

进行农村自治体下沉改革，适度缩小自治区域与人口覆盖范围，将现有自治体分解为多个自治体：第一，符合社会治理规律。相对较小的公共领域能够在很大程度上避免目前农村的低效率机制。第二，能够使农村管理资源得到充分利用。促进农村社会中大量未被重视和利用的公共事物管理资源与政府合作，发挥其应有作用。第三，降低了农村社会治理成本。道德压力与习俗的养成，能够维持稳定的农村格局，减少政府的行政支付和社区干部的工作量。

3. 下沉原则

政经分离。村民自治体的设置下沉不必与集体所有权行使单位归拢到一起。政经分离有利于集体资产的管理，也可以在一定程度上避免行政公权对集体资产运营的干预。集体资产的运营需要遵循经济规律，要通过改革把集体资产推向市场，把现代股份公司治理原则引入集体资产经营体系，实现跨区持股经营。

[1] 卢志峰. 新型城镇化背景下"空心村"治理的路径选择研究 [D]. 合肥：安徽师范大学，2017:38-39.
[2] 党国英，吴文媛. 城乡一体化发展要义 [M]. 杭州：浙江大学出版社，2016:180-190.

依法自治。一是最大限度允许私人处理事务，包括某些公共事务；二是公共事务最大限度交由下一层的公共机构或地方政府处理；三是任何一级立法机构都具有立法权；四是不论什么层级政府，在法律面前一律平等，下级立法机构制定法律只要不违背上位发，就具有合法性。

因地制宜。改革方案所涉及的村民自治体设置下沉到哪一级，覆盖人口规模有多大，都是非常重要的。由于各地情况不一，应当开展比较细致的工作，广泛征求农民的意愿，按多数农民的意见确定自治体设置下沉的程度。

平等服务。公共服务要面向一定范围内的所有居民，借助改革机遇，明确要求乡村自治体的公共服务必须面向包括外来常住人口的全体机遇，并且要坚持平等原则。

第三节　完善公共服务与基础设施

长期以来，我国城市在发展过程中占用了过多的公共资源，城市与农村的差距主要就是公共服务质量方面的差距，城市中所能提供的公共服务的质量远高于农村。农村基础设施的不完善，不仅不利于农业的生产，也严重影响农民的生活和居住。如果与农民居住生活最紧密的水、电、路等方面都无法得到满足，村民在选择新房建设地址时很容易沿着村外围和道路边缘建设，如此一来，村庄内部的"空心化"将不可避免。要解决农村"空心化"问题，必须加强基础设施建设，保障和改善农村公共服务水平，使农村居民在国家社会现代化发展的过程中能够同城市居民一样享受到获得感。

一、改善农村公共服务，提高生活质量

完善村庄功能配套，让农民享受"市民化"的基础设施服务。根据当地实际情况改造旧有设计不合理、路面状况差的乡村泥土道路，新建必要的道路，村镇内部的土路逐步硬化，具备一定条件后要逐步实现村村通公交，最大化地便于村民出行；改善农村电网，使农村供电服务更加稳定可靠，保障村民的用电安全，实现城乡用电同网同价；实施饮水安全巩固提升工程，加强水源地水质监测和保护，做好水污染防治，推进城镇供水管网向农村延伸，使农村居民能够喝上安全卫生的饮用水等。要加强对村内环境的整治，加强对村子中危房、厕所的改造，改善村庄污水、垃圾处理收集设

施，通过增设村内垃圾桶，建立集中的垃圾处理站，对农村生活垃圾进行无害化处理。鼓励花草、树木种植，实现村内"绿化"，美化居住环境。适当增加农村休闲、娱乐设施的投入。通过科学规划，在村内建立便于村民锻炼的体育设施，如增设锻炼器材、修建篮球场等；同时，修建棋牌室、农家书屋、文化剧院等，满足村民的休闲需求，丰富村民的生活，加强农村精神文明建设。

完善农村服务网络建设。加快完善城乡客运网络，优化农村客运设施布局，引导城市公共交通向乡村地区延伸，推进城乡间客运线路公交化改造，适度发展镇村公交，解决偏远农村地区出行难问题。要推进实施农村现代流通网络工程和农村邮政设施建设工程，培育面向农村的大型流通企业，增加农村商品零售、餐饮及其他生活服务网点。另外，要让信息高速公路通往大山里，不要让信息贫困成为偏远地区人们的"新贫困"。加速互联网基础设施在偏远山区的建设，提升公共服务水平，加强对"数字难民"和"脱网人群"的救济，不让一个人被边缘、被歧视、被掉队[1]，加强农业信息化建设。此外还要完善乡村旅游服务网络，大力培育农村电子商务市场主体，搭建农村电子商务发展平台，加快构建农村电子商务服务体系和人才支撑体系，完善农村电子商务基础支撑体系。

建立健全农村基本公共服务平台。以解决群众办事难为切入点，在县域建立健全县、镇、村三级社会综合服务平台，在县、镇建立了社会综合服务中心，在行政村一级全面建立社会综合服务站，推动基本公共服务重心下移，实现三级服务平台无缝对接。推行"一站式"代办服务，通过下放审批权限、将网上办事大厅延伸到村、实行代办员制度，为群众免费代办党政公共服务事项。同时，在完善村级党政公共服务平台的基础上，村级社会综合服务站主动向生产生活服务拓展，建设生产生活服务平台，完善农村服务体系，从而有效解决农村行政服务、生活服务、生产服务缺失的问题。

二、切实改善民生，完善社会保障

1. 办好农村教育，推进城乡基础教育均等化

城乡基础教育差距拉大，后果严重。随着新型城镇化的发展和户籍制度的改革

[1] 朱丽华. 农村"空心化"及其治理研究 [D]. 济南：山东大学，2017:55.

推进，一些地方农村学生向城镇流动，农村适龄儿童不断减少，村庄与小学日渐凋敝。一些地方为了建设新农村，按规模撤村并校，导致村镇中小学大量减少。据统计，2005 年至 2016 年，湖南省农村小学、普通中学校数分别由 14664 所和 2618 所减少至 4722 所和 1497 所，平均每年减少 828.5 所小学和 93.4 所中学。农村中、小学校过度裁并不仅导致农村出现诸如上学路程过远、上学路上存在交通安全隐患、家庭经济负担增大等一系列社会问题，并且致使农村中小学师资力量严重不足，人才流失严重。其结果不仅加剧了农村"空心化"进程，而且严重影响了农村青少年接受正常的教育。促进农村教育的发展，实现城乡教育均等化成为了必须要做的事情。

大力推动城乡教育的均衡发展。首先必须优化政府尤其是县域政府教育服务职能的分工，对经济欠发达的农村地区，要增加财政支出比例，充分吸纳和利用社会资金，成立专项教育基金，不断完善农村基础教育的配套设施，可以继续将边远山区和农村山区进行兼并、整合和集中各校点之间的资源，提高合并后的校点的标准，推动农村教学条件、教学硬件设施的发展。其次，建设高水平的教师队伍。农村教育尤其是农村小学发展不起来的重要原因在于师资和生源的流失严重。必须提高农村教师的工资水平，达到与城市教师工资同等水平，并且增加城乡教师之间的交流，可以适当实现城乡教师间的流动，壮大农村师资力量水平，留住村级小学的学生生源，提高农村教学质量，缩小城乡间基础教育的差距，避免农村人口因教育而向城市流转[1]。

2. 推进农村医疗卫生均等化

目前我国城乡之间在医疗资源占有、卫生筹资、医疗保障等方面都存在较大的差异，许多农村居民为享受更好的医疗卫生服务而选择迁入城市。因此，要解决农村"空心化"问题，必须切实解决城乡医疗卫生资源不均衡问题，实现城乡医疗卫生均等化。提高农村医疗卫生水平必须要重组农村卫生资源，改善农村医疗、卫生条件，提高相关从业人员的素质。同时，地方政府要逐步加强新型农村合作医疗制度的试点和推广工作，并且不断探索试点和推广中诸多问题的解决路径，为农民筑起"健康防护墙"[2]。

---

[1] 张珊. "空心村"的社会治理研究——基于江西 CR 县 C 村的考察 [D]. 南昌：江西师范大学，2017:32–33.

[2] 刘中文. "空心村"之困惑——我国农村人力资本投资效率研究 [M]. 杭州：浙江大学出版社，2012:130.

简化新型农村合作医疗制度登记程序和理赔程序。目前国家实施的农村医疗保障主要依赖新型农村合作医疗制度，但是这种医疗制度主要是大病为主兼顾小病的互助制度，并不包括门诊等内容，保障范围较小，理赔程序比较复杂，农民对于这一制度满意度并不是太高。必须简化登记程序和理赔程序，方便农民就诊。

加强日常卫生管理。从公共卫生角度来看，城乡间在健康教育和儿童保健等方面仍存在一些差距，在加强健康教育和健康保护的同时，更应该注重平常的预防和保健，在农村中倡导一种自我保健的生活方式和生活习惯，提高村民的卫生安全意识，加强卫生管理从日常抓起、从自身做起。此外，针对"空心村"中卫生环境较差的问题，必须得加强相应的卫生管理和卫生责任落实制度，形成农村健全有效的卫生管理体制。

提高农民的经济收入。实现城乡医疗卫生均等化根本在于促进农村经济的发展水平，提高农民的经济收入。农民收入的提高会促使农民对健康的重视，加大对医疗卫生服务的利用，同样也为城乡医疗卫生均等化提供了条件和保障。不断推动城乡医疗均等化也可以一定程度减少农村人口外流，缓解农村"空心化"问题。

3. 加快完善农村养老保障

农村社会保障体系与城市社会保障在很多方面存在很大差距，随着农村"空心化"情况的大量出现，农村留守老人成为即将被抛弃的拖累和负担。因此，各级政府必须逐步推进城乡养老保险的均等化，重点完善和发展农村养老制度，保障每一个居民都能老有所依、老有所养、老有所居，实现城市居民和农村居民待遇相同化。

加大财政投入，提高补贴标准和保障额度。我国目前的农村养老保险制度，即新农保政策是"基础养老金"加"个人账户养老金"的形式，个人账户养老金是由农民自己缴费、集体补助和政府补贴等几部分构成，其中个人缴费标准分为不同档次，个人根据自己的要求自由选择。年满60岁之后，个人可以领取由政府发送的每月55元的补贴。新农保政策对农民的保障金标准和覆盖面都比较低，必须采取提高个人缴纳费用或者增加政府财政补贴力度等措施，充分保障农村养老服务，确保农村老年人养老金及时足额发放，并要进一步采取全面的兜底，提高贫困地区养老保障水平。在全国统一提高基础养老金的基础上上调基础养老金政府补贴标准，促进城乡养老保险的均等化。

加强农村养老基础设施和社会保障体制建设的步伐。农村对养老基础设施方面缺失严重，要兴建老年公寓、养老院等相关的基础设施，规范养老市场。建立完善的社会保障制度，整合社会资源，加快建立城乡社会救助体系，加大对农村急需被救助的老人的救助力度，切实加强民生保障。关注老人的心理健康，丰富老人的精神文化生活，实现农村老人与城镇老人一样老有所养、老有所乐，扭转农村人口因养老或其他社会保障不健全而流入城市的现象。

积极推动养老产业发展。市场可以将养老当作一个产业来发展，形成专门为老年人生产并且提供相应的产品或服务的整体产业链，"银色产业"的推进和发展是未来养老发展的趋势，能有效带动整个老年用品、医疗、房地产等产业的发展[1]。

三、推进城乡统一的要素市场建立

1. 建设城乡统一的人力资源和建设用地市场

要加快建立城乡统一的人力资源市场，落实城乡劳动者平等就业、同工同酬制度。完善劳动法规体系，营造保障城乡劳动者公平竞争、平等就业的制度环境，加强对进城务工农民合法权益的保护，规范用工制度，逐步消除用工双轨制。加快推进宅基地和集体建设用地使用权确权登记颁证工作，推动农村土地要素流转。建立城乡统一的建设用地市场，保障农民公平分享土地增值权益。

2. 建设城乡统一金融投资市场

创新面向"三农"的金融服务，统筹发挥政策性金融、商业性金融和合作性金融的作用。支持具备条件的民间资本参与设立村镇银行、民营银行等金融机构，保障金融机构农村存款主要用于农业农村，以诚信农民建设为载体，深入推进农村信用工程建设，加大农村信用村（组）、信用乡镇、农村金融信用县等创建力度，切实为农民提供贷款优惠、利率优惠、方便快捷的金融服务。加快农业保险产品创新和经营组织形式创新，完善农业保险制度。鼓励社会资本投向农村建设，支持农民工返乡创业，引导更多人才、技术、资金等要素投向农业农村。

---

[1] 张珊. 空心村的社会治理研究——基于江西 CR 县 C 村的考察 [D]. 南昌：江西师范大学，2017:34.

第四节　建设文明乡风

一、开展移风易俗行动

农村存在大量落后的思想观念。现实当中大部分农民由于文化程度偏低，封建落后的思想观念在农村仍较为普遍。如再穷也不能拆祖屋的祖业观念、"宅大进财，路宽出官"的风水观念、老人住新房有霉气的迷信思想等等。农村居民的生命、健康、卫生等思想意识十分薄弱，"烟酒不离口""不干不净，吃了没病"等观念广泛存在，过度劳累、生活无规律，导致农民健康素质低下。村民普遍竞争意识弱，存在"不劳而获""好逸恶劳""小安即富"等剥削阶级旧思想，穷不思变，安于现状，不患寡而患不均。许多村民消费观念固守陈旧，存在畸形消费、相互攀比的现象。法制观念淡薄，大多认为宅基地属于个人私有，对于土地所有权、使用权和流转权等问题的认识也十分欠缺。这些落后的思想观念，极大地阻碍了乡村振兴和农村居民经济生活水平的提高。

开展移风易俗，塑造乡村文明新风。乡风文明是乡村振兴的保证，我国社会主义新农村建设不仅是农民物质生活的改善，精神文明建设、思想境界提升更为重要。为提高农民的思想认识和精神文明，需要将农村思想道德建设落到实处。具体来说，首先要做好宣传工作，加大宣传力度，借助广播、电视、报纸、宣传栏等各种媒体和渠道传播社会主义核心价值观、民族精神、时代精神。其次，基层单位要做好引导工作，采取具体措施，并积极落实，如开办精神文明系列讲座、评选道德模范等，调动群众积极性，让文明道德成为风尚。

此外还要积极开展移风易俗行动，通过多形式宣传，发挥基层人员带头作用，制定村规民约，实现村民自管自治，以遏制大操大办、厚葬薄养、人情攀比等陈规陋习，主张"喜事新办、不铺张浪费，丧事从俭，不搞陈规旧俗"。开展移风易俗，塑造乡村文明新风，提高村民的科学文化素质和法律意识，为切实有效地开展农村"空心房"整治工作提供良好的环境氛围。

二、发扬农村优秀传统文化

农村优秀传统文化不仅在地区经济建设的过程中十分关键，而且对于构成我国传统文化也是非常关键的。农村 "空心化" 现象的大量出现，导致我国农村文化发展缓慢，农村文化相关配置没有得到更好的完善，农村优秀传统文化缺少继承者和弘扬者，阻碍了农村经济社会的全面发展。传承发展农村优秀传统文化。立足乡村文明，在保护传承的基础上，创造性转化、创新性发展，不断赋予时代内涵、丰富表现形式。切实保护好优秀农耕文化遗产，推动优秀农耕文化遗产合理适度利用。深入挖掘农耕文化蕴含的优秀思想观念、人文精神、道德规范，充分发挥其在凝聚人心、教化群众、淳化民风中的重要作用。划定乡村建设的历史文化保护线，保护好文物古迹、传统村落、民族村寨、传统建筑、农业遗迹、灌溉工程遗产。支持农村地区优秀戏曲曲艺、少数民族文化、民间文化等传承发展。

三、加强农村公共文化建设

一方面要提升农村文 "硬" 实力。推进基层综合性文化服务中心建设，实现乡村两级公共文化服务全覆盖，提升服务效能。公共文化资源要重点向乡村倾斜，提供更多更好的农村公共文化产品和服务。着重完善农村文明发展的相关配置，在农村建造阅览室以及播音室等促进农村文明的普及。另一方面要加强 "软" 实力的建设。着重建设文化人才队伍，支持 "三农" 题材文艺创作生产。制定一些奖励机制，提高村民参加农村文明发展活动的积极性，培育挖掘乡土文化本土人才。开展文化结对帮扶，引导社会各界人士投身乡村文化建设。活跃繁荣农村文化市场，丰富农村文化业态，加强农村文化市场监管。

第五节　培育新型职业农民

一、职业农民的概念和培育意义

职业农民是以农业为职业、具有相应的专业技能、收入主要来自农业生产经营并达到相当水平的现代农业从业者。是一种自由选择的职业，而不再是一种被赋予的身份。培育新型职业农民，可以在推进农业规模化经营、农业产业化发展方面起到很好的示范作用，有助于推进城乡资源要素平等交换与合理配置，促进城乡融合。

二、职业农民的主体构成

职业农民的主体一是农村新生代中有志于农业者、种田能手和承包大户，二是城市回流农民，包括在城市中掌握了相应的知识和技能，并积累了一定的资金，有志于回乡二次创业的主动回流者，以及在城市中因为生存困难导致的被动性回流者。一方面，必须大力鼓励和支持送部分接受过较高文化知识教育的青年农村人口回乡带动村民殖产兴业，凭借其拥有的现代经营管理知识和理念为农业生产和农村的规划建设提供先进而科学的指导，带领村民创业。另一方面，要鼓励农村外流人口回到家乡创业。农民工群体具有传统农民的优势，他们拥有较为宽广的视野和对市场需求的敏锐观察能力，鼓励支持他们中有梦想、有能力的人回乡创业能够实现自己就业的同时带动乡亲就业[1]。

三、加强对职业农民的培养和支持

第一，要广泛开展大众化普及性培训。要针对农业生产和农民科技文化需求，以农业实用技术为重点，广泛开展大众化普及性培训。通过综合运用现场培训、集中办班、入户指导、田间咨询等多种方式，宣传普及先进农业实用技术，提高农民整体素质，使广大职业农民的知识和能力在日积月累中不断提高。

第二，要开展系统的职业技能培训。依托农民培训和农业项目工程，以规模化、集约化、专业化、标准化生产技术，以及农业生产经营管理、市场营销等知识和技能为主要内容，对广大青壮年农民、应往届毕业生免费开展系统的职业技能培训。对有一定产业基础、文化水平较高、有创业愿望的农民开展创业培训，并通过系统技术指导、政策扶持和跟踪服务，帮助他们增强创业意识、掌握创业技巧、提高创业能力，不断发展壮大新型职业农民队伍。

第三，要大力推进农民接受正规化、系统化职业教育。送教下乡，采取进村办班、半农半读等多种形式，将学生上学变为送下去教，吸引留乡务农农民，特别是村组干部、经纪人、种养大户以及农村青年在家门口就地就近接受正规化、系统化职业教育。

第四，对于新型职业农民，要加大政策扶持力度。要通过规模种植补贴、基础设施投入、扶持社会化服务等来引导提高农民职业化水平。依托农村现代远程教育网络，提高农民的媒介素养，使农民及时获得致富信息和市场产品供求信息，以提高他们参与市场竞争的能力[2]。

---

[1] 朱丽化. 农村空心化及其治理研究 [D]. 济南：山东大学，2017:53.

[2] 何峰. 湘南汉族传统村落空间形态演变机制与适应性研究 [D]. 长沙：湖南大学，2012:188.

第九章
"空心房"整治机制建设与政策建议

由于农村所处的自然环境和经济社会发展情况各不相同，故而"空心房"的整治方向和整治策略在不同类型区域也会存在明显差异，必须因地制宜，分区域进行整治。如湘阴县在不同的区域就因地制宜地分了三种整治模式。目前我国土地资源基本上仍然沿用传统发展模式，其划分忽视了经济效益、社会效益与环境效益的辩证统一。本书在前文第三章的研究基础之上，结合目前国内一些专家学者的研究，试将土地功能分区划分为农业保护区、生态保护区、城镇拓展区三种类型，在此基础上探索不同类型农村"空心房"整治的差异化策略，并提出相应的实施保障机制以及政策与制度创新建议。

第一节　完善"空心房"整治实施保障机制

农村"空心房"整治是一项复杂系统的长期工程，是美丽乡村和乡村振兴的重要内容，是服务于耕地保护和优化城乡建设用地布局的重要举措。为保障农村"空心房"整治工作的顺利开展，要以规划为引领，建立统筹协同的决策机制、组织协调机制、长效监管机制，加大宣传力度，重视村民的参与。

一、以规划为引领

长期以来乡村建设规划滞后，村庄建设随意、布局散乱，不利于美丽建设和乡村振兴。在"空心房"整治的过程中，应结合新型城镇化进程，通过科学合理的规划，实现城乡一体化的空间布局，促使城乡用地合理有序地进行，提升土地利用价值，实现土地资源的优化配置。

加快调整和完善县域村庄布局规划。按照"做大中心村、合并弱小村、治理空心村、培育特色村、搬迁不宜居住村"的要求，结合县域生态、城镇、农业空间（以下简称"三区"）规划布局和县域人口、经济、社会情况，深化县域村庄布局规划编制，合理确定村庄数量、规模、布局和实施时序，并把村庄布局规划作为村庄用地要求的重要依据。

抓紧编制村庄建设规划。在县域村庄布局规划的指导下，按照乡村特点、特色、文化内涵和人文景观及实用、节约、美观、协调、布局全面、功能完善的要求，加大对村庄规划的编制力度，以此作为"空心房"整治的依据[1]。

以乡镇为单位编制"空心房"整治规划。结合村庄规划，组织开展"空心房"普查，逐点勘丈上图，按照村庄规划和"空心房"的立地条件等分类造册。在此基础上，以乡镇为单位组织编制"空心房"综合整治规划，结合县域"三区"规划布局，合理确定"空心房"整治策略、实施时序，统一整治标准和验收补助规定，指导"空心房"整治的实施[2]。

二、建立统筹协同决策机制

农村"空心房"整治问题复杂、涉及面广，在整治规划、组织实施、资金投入、政策创新等领域，需要国土、水利、环保、城乡建设和财政等部门的统筹协同。但从农村土地产权、土地整治的融资渠道和城乡用地挂钩长效机制等"空心房"整治的关键问题出发，国土管理部门处于不可替代的核心地位。应建立由国土资源部门牵头，多部门协作统筹协同优化决策机制，系统研制农村"空心房"整治中长期规划，科学推进农村"空心房"综合整治。

三、建立组织协调机制

农村"空心房"整治是一项涉及多部门的综合性系统工程，只有建立起一个强有力的组织协调机制，才能保证这项工作的顺利开展。应由县政府成立"空心房"整治工作领导小组，负责规划编制、方案制定、责任分解、部门协调、资金筹措与安排，

---

[1] 孙晖. 规范农房建设要统调统筹整政策 [J]. 城乡建设，2012 (7):56-58.

[2] 李新涛. 农村"空心房"综合整治整村推进的实践与思考 [A]. 福建省土地学会. 土地节约集约利用与转变发展方式——福建省土地学会 2010 年学术年会论文集 [C]. 福建省土地学会，2010:4.

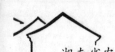

并在乡镇设立办公室,具体负责"空心房"整治的宣传、指导、检查等工作,根据全市"空心房"整治方案,结合本地实际制定具体实施方案,明确工作重点、整治标准和工作进度。

四、建立长效监督机制

农村"空心房"整治与其他工作不同,是一项长期的工程,一旦启动就只能乘势而上一抓到底,否则局面难以收拾,让干部惋惜,让群众心凉。要重点防止出现五种后遗症,即"拆后荒废、拆不彻底、拆后负债、拆后不稳定、拆后乱建房"[1]。只有建立长效的监督和管理机制,才能使"空心房"整治工作长期有效地推进,才能长期保护"空心房"整治的成果。建立专门的组织领导班子、多元化筹资渠道,对于整治后的村庄制定专项的规章制度、村民参与和监督制度,建立专职的管护队伍,建立一整套土地整理、新增耕地分配、土地流转模式和农村社区化管理模式。

五、加大宣传力度

农村"空心房"的整治关乎农民的切身利益,农民对土地相关法律制度的不了解,对宅基地相关政策制度不熟悉,是导致"空心房"出现的主要原因之一,而农村"空心房"的整治仍要靠广大的农民配合与落实,所以要加大宣传力度。

加强宣传提高农民的思想认识。农村"空心房"整治关键在于转变农民的思想观念。农民对"空心房"的认识欠缺,导致"空心房"整治受阻,是当前整治难题之一。首先,是提高农民对"空心村"现象的认识。大多数农民对现存的"空心房"现象认识不足,其成因、发展、危害的认识更是欠缺。可以印制专门的宣传手册,或在特定的宣传专栏对这一现象加以宣传和解释,加深农民对其的客观认识,认识到"空心房"的危害性、"空心房"整治的必要性,以及如何积极应对"空心房"整治。其次,破除封建思想,消除宅基地私有的错误观念。加大对我国土地国情和《土地管理法》《农村宅基地管理办法》等法律法规的宣传,提升节约土地资源思想意识水平,让广大农民认识到宅基地和耕地都是集体所有,自觉节约用地,按有关规定和标准申请宅基地,有效合理利用有限的土地资源。加大宣传保护农村可耕地的重要性和必要

---

[1] 钟培林. 农村"空心房"改造的难点与对策 [J]. 农村工作通讯,2008(03):42-43.

性，要让农村居民摆脱旧有的宅基地私有的思想。

通过宣传提高农民参与积极性。通过宣传农村"空心房"整治的必要性和重要性，增强农民的法治观念和土地的集约节约热情。结合"空心房"整治相关优惠政策，从实际出发，向农民宣传"空心房"整治所带来的社会和经济效益，激发农民参与"空心房"整治的积极性。向广大农民宣传农村"空心房"整治相关政策和方法措施，让农民理解、了解农村"空心房"整治的目的、标准和措施，拥护农村"空心房"整治。积极征求广大农民的意见和建议，在充分征求意见的基础上，制定切实可行的治理措施，征得广大农民的拥护和支持，才能确保农村"空心房"的有效治理，加快推进农村"空心房"整治进程[1]。

六、重视村民参与

村民是农村"空心房"整治的主体，村民的积极参与是农村"空心房"整治成功的关键。在农村"空心房"整治政策制定、规划编制和实施、整治建设过程中，由村民自治组织进行全程监督，对具体事项进行协商协调。

力求村民参与政策调研工作。调研是政策制定的前期工作，是政策制定中最为关键的一环。农村"空心房"整治是一项关系到广大村民切身利益的惠民工程，会牵涉到整治区域的方方面面，遇到各样的难题。这就需要政策先行，在政策上做到了面面俱到，才能更好地指导农村"空心房"整治的具体工作。政策制定的调研工作应该深入各个村庄，充分了解村庄的"空心化"程度，通过民意问卷调查、村民代表大会、座谈会、公示等方式，听取了解情况，掌握村庄整体布局、用地情况（如废弃宅基地数量、闲置宅基地数量）、用地规模（如废弃宅基地面积、闲置宅基地面积）、村民新建房屋的趋势、村民的意愿等等，通过客观的数据收集，然后进行筛选和进行分析，总结出对制定政策有效的数据资料，在尊重民意的基础上因地制宜地制定相应政策，为有效地进行农村"空心房"整治做好调研这一项前期工作，取得事半功倍的效果。

注重规划工作中村民的参与。解决农村"空心房"整治中科学规划问题在实际操作时需引入村民参与机制，体现并满足村民的普遍需求和愿望，加强规划的可操作

[1] 李宇.河南省平原地区"空心村"探索与研究[D].郑州大学，2017.

性和指导性，达到科学、系统地规划村庄的建设发展。农村"空心房"整治工作涉及村集体的成员，村民的意愿相当重要。因此村庄规划的各个阶段，应灵活运用多种形式，多和村民进行交流，村民对规划产生的意见可进行公投，召开村民代表大会，发放民意问卷调查，单个村民的入户访谈以及规划培训，鼓励更多的"无权的"或"沉默的"村民能自由、充分地表达自己的看法或观点。在规划实施的管理阶段也应多采取"村民自治、村民自主管理"规划实施的方式，只有这样，才能从根本上减少"空心房"现象的再产生。

第二节 "空心房"整治政策与制度创新

农村"空心房"整治作为乡村振兴的重要抓手，需要从城乡系统的角度看待这项工作，必须得先破除城乡间"人、地、钱"等关键要素自由流动、高效配置的制度障碍，构建和完善"空心房"综合整治新政策和新制度，让乡村振兴与新型城镇化两个轮子一起转。

一、实施城乡一体化的户籍制度

我国传统的城乡二元户籍制度，深深地制约着人口的自由迁移。长期以来，我国农村剩余劳动力不完全转移、农村土地资产价值难以实现，"两栖农民"长期存在，农村与城市不能实现等值发展，这些都对农民市民化进程带来了消极影响。在我国农业农村转型和城乡融合发展态势下，以农村"空心房"整治和农村宅基地退出为平台，进一步推进农业转移人口市民化、实施城乡一体化的户籍制度、实现乡村与城市共存且等值发展是我国未来乡村发展的趋势[1]。

建立城乡统一的户口登记制度。撤销原有老化的户籍制度，实施推进城乡一体化的新"户籍登记制度和居民身份制度"，实现城乡户口一体化管理。同时应当去除附着在户籍制度上的一切福利分配，恢复户籍制度本来的人口统计功能和人口登记功能，为城乡平等与城乡和谐发展创造条件[2]。建立与统一城乡户口登记制度相适应的

[1] 张勇，汪应宏.基于新型城镇化背景的农村居民点整治及宅基地退出探讨 [J].农村经济，2015 (08):10-14.
[2] 熊光清.中国户籍制度改革与城乡一体化建设 [J].党政研究，2016(06):27-33.

教育、卫生计生、就业、社保、住房、土地及人口统计制度，形成自由互通、权益平等、城乡户籍制度一体化的体系。

完善农业转移人口落户制度。逐步取消户籍制度限制人口流动的制度障碍是破除农村"空心房"难题的关键，为避免户籍制度的限制功能取消后，大量人口涌入城镇，可逐渐改革降低农村居民在城市（镇）落户的条件和限制[1]。对于符合条件的农村人口允许其落户城镇，从而使新生代农民工更好地融入城镇；城市单位的用工条件一律凭借劳动力的自身情况录用，使村民和市民在社会地位、工作条件、生活条件等各方面享受平等待遇，推进城镇与城市之间、农村与农村之间的人口流动[2]。通过完善农村转移人口落户制度，让更多有条件、有意愿的农村家庭实现真正的城镇化，逐渐消除"半城市化"带来的城乡资源双重占用[3]。

二、完善农村土地产权制度

我国农村土地属于集体所有，由于历史的原因农村土地产权制度很不完善。与城市土地产权相比，我国农村土地产权是虚位、残缺和模糊的，存在严重的产权歧视。如产权主体不清，农民对土地的使用、处置、收益等权利常得不到保证。农村"空心房"整治必然涉及宅基地、房屋产权和利益的划分，如果产权不明晰，将不可避免地导致许多矛盾，阻碍农村"空心房"的整治进程。

明晰宅基地产权主体和权能。首先是明确宅基地所有权主体，在我国集体所有制不变的制度框架下，以法律的形式明确对宅基地产权主体作出规定。其次，明晰宅基地使用权权能。《物权法》明确了农村宅基地使用权的性质为用益物权，确认了宅基地使用权人的权利。宅基地作为一种用益物权必须享有使用、收益和完整的处分权利。最后，明晰宅基地使用权的权属，一方面通过确权核资和界定成员资格使宅基地使用权主体必须依法确定。另一方面宅基地面积必须明确。因为在宅基地退出中，宅基地使用权的面积是宅基地使用权行使权利的重要边界，直接关系到宅基地退出的收

[1] 李增刚. 农民进城、市民下乡与乡村振兴 [J]. 学习与探索，2018(05):100-107.

[2] 杨丹. "空心村"形成机制与整治模式 [D]. 湖南农业大学，2011.

[3] 崔卫国，李裕瑞，刘彦随. 中国重点农区农村"空心化"的特征、机制与调控——以河南省郸城县为例 [J]. 资源科学，2011(11):2014-2021.

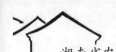

益[1]。

加快农村宅基地及房产确权登记发证。对宅基地进行确权、登记、颁证，为合法拥有宅基地及房屋产权的农户提供产权证书的办理，是保护宅基地使用权人合法权益的重要举措，可避免相关法律上关于宅基地利益分配问题上的矛盾，也可促使地方政府对农民宅基地补偿具有凭证，从而保障农民宅基地退出收益的实现。

完善农村宅基地"三权分置"。在不以买卖农村宅基地为出发点的前提下，积极探索宅基地所有权、资格权、使用权"三权分置"，落实宅基地集体所有权，保障宅基地农户资格权和农民房屋财产权，适度放活宅基地和农民房屋使用权[2]。重点是通过放活使用权，探索有效利用农村闲置宅基地和农民闲置房屋的具体办法，特别是扩大宅基地使用权流转范围，可显著提升宅基地流转价值，扩大宅基地流转需求，从而推动构建城乡统一建设用地市场[3]。

三、改革农村宅基地管理和利用

我国农村土地管理一直是一个薄弱环节，宅基地使用管理不完善，导致农村宅基地无序建设与低效利用。宅基地使用权具有身份性、从属性、无偿性、无固定期限性等特点，且无法流转、不能置换、缺乏退出机制，使得农村宅基地占用成本低，交易、退出困难，致使"一户多宅""空心房"现象严重。

严格宅基地审批管理。一是落实农村"一户一宅"制度，严格宅基地审批。一户村民只能有一处宅基地，且面积不能超标。健全宅基地审批制度，严格宅基地审核、批准程序，使宅基地审批流程清晰化，透明化[4]。二是坚决停止村庄规划区外的房屋建设用地审批，杜绝"零星建房""开天窗"建房。三是实行宅基地审批旧证换新证制度，即要求村民申请宅基地必须以自家或父母、兄弟的旧土地使用证换取新证。宅基地建新必须拆旧，凡申请在规划区内建房的农户，必须先拆除旧房或签订协议，承诺在规定时间内退回原宅基地方可批准用地[5]。

[1] 黄贻芳. 农村宅基地退出中农民权益保护问题研究 [D]. 华中农业大学，2014.

[2] 叶兴庆. 实施好乡村振兴战略的原则与抓手 [J]. 农村工作通讯，2018(07):11-13.

[3] 董祚继. "三权分置"——农村宅基地制度的重大创新 [J]. 中国土地，2018(03):4-9.

[4] 李宇. 河南省平原地区"空心村"探索与研究 [D]. 郑州大学，2017.

[5] 钟培林. 农村"空心房"改造的难点与对策 [J]. 农村工作通讯，2008，(03):42-43.

建立宅基地有偿使用制度。现行农村宅基地无偿使用制度对农村"空心房"问题缺乏约束能力。创新农村宅基地有偿使用制度，对"一户多宅"住户宅基地超面积部分实施有偿使用，增加农户持有多处宅基地的成本，以此倒逼农户退出超占宅基地。

建立农村宅基地有偿退出制度。对于已经在城市有稳定职业和收入来源的农户，或者已经进城落户的人员，要通过有偿的退出机制鼓励引导其腾退宅基地；奖励退出占用多处宅基地的农户，保障其适当权益。在自愿、有偿的前提下，探索多种形式有偿退出宅基地，可以给予经济补偿，或在当地城镇购买商品房时进行补助，对从事生产和经营活动有贷款需求的，可以提供一定数额的无息、低息贷款，尊重农民愿望，使其自愿积极自动地退出宅基地[1]。

建立农村宅基地使用权流转制度。宅基地流转交易困难是"空心房"存在的重要原因，因此，促进农村宅基地流转可以有效提升闲置宅基地的使用效率。建立农村宅基地使用权流转制度，探索农村宅基地使用权流转的方式，适度扩大宅基地使用权流转范围，限定转让、受让条件，明确流转收益分配原则等。建立健康有序、统一规范的农村产权流转市场，放宽对农村宅基地使用权流转的限制，促进城乡之间宅基地使用权的流转，通过市场化机制提高农村宅基地流转交易的价格，提高农民的财产性收入，既为农民迁移到城市（镇）创造条件，又成为市民下乡、资本下乡的重要平台，为乡村振兴提供资本、技术等创造条件[2]。宅基地的流转不仅减少了闲置、废弃宅基地的出现，还化解了无宅基地居民申请宅基地的困难与"一户多宅"村民极大浪费土地资源的矛盾，实现土地资源的资产化以及资源配置最优化，有效地提高宅基地的利用率和保护耕地[3]。

四、强化耕地保护机制

耕地保护是"空心房"整治的目标之一，强化耕地保护机制是实现这一目标的根本保障。"空心房"整治旨在挖掘土地潜力，增加耕地，只有建立耕地保护和激励机制，才能避免新增耕地在此被转为非农用途。

[1] 陈婉馨. 乡村振兴与城乡融合机制创新研究 [J]. 人民论坛·学术前沿，2018(03):72-76.

[2] 李增刚. 农民进城、市民下乡与乡村振兴 [J]. 学习与探索,2018(05):100-107.

[3] 刘艳琼. 湖南省双牌县"空心村"现象下土地整治对策研究 [D]. 湖南大学，2014.

完善耕地占补平衡管理，提高占用耕地"门槛"。按照"以补定占、占优补优、占水田补水田"原则，确保补充耕地数量到位、质量相当。非农建设占用耕地的，建设单位必须依法履行补充耕地义务，各级政府负责组织落实补充耕地任务。按照"以县域自行平衡为主、市内调剂为辅、省级统筹为补充"要求，改进并规范耕地占补平衡管理。充分发挥耕地占补平衡制度约束作用，倒逼城市挖潜利用存量土地、节约集约用地，实现由"要增量"向"盘存量"转变。

大力实施土地整治补充耕地，扩大补充耕地途径。通过"空心房"等土地整治、高标准农田建设、城乡建设用地增减挂钩、历史遗留工矿废弃地复垦等途径新增耕地经验收核定后形成的新增耕地节余部分，均可纳入补充耕地管理，用于耕地占补平衡。

建立耕地激励性保护制度，激发耕地保护积极性。一是建立耕地保护基金，各地可以从土地出让金、建设用地使用费、农业开发的财政资金中筹集耕地保护基金，发放对象重点向实际保护耕地的土地承包经营者倾斜，以形成对实际使用土地主体的正面激励。二是完善耕地占用税，要改定额税制为比例税制，同时要突出对优质耕地的保护，为此要对占用优质耕地的行为征收较重的税率。三是改革现行的农业补贴制度，在提高农业补贴水平的同时，适当扩大农业补贴的范围，以充分彰显农业补贴中的耕地保护目标[1]。

五、创新投融资机制

农村"空心房"的整治，离不开坚实的资金支持和雄厚的财政支援。由于农村地区长期处于"贫血"状态，经济发展基础相对薄弱，建设资金更加匮乏，应通过财政政策的倾斜和调整分配关系，来进行"输血"，来实现乡村振兴和城乡融合发展。农村整治是乡村振兴的重要抓手，乡村振兴的财政政策将是农村"空心房"最终所需资金的重要保障。

改革财政支农投入机制。一方面，要坚持把农业农村作为财政支出的优先领域，确保农业农村投入适度增加；另一方面，要把主要精力放在创新使用方式、提高支农效能上。要做好"整合"和"撬动"两篇文章。"整合"，就是将美丽乡村建设、农

---

[1] 陈婉馨. 乡村振兴与城乡融合机制创新研究 [J]. 人民论坛·学术前沿,2018(03):72-76.

村危房改造、农村土地整治、高标准农田建设、拆旧复垦等各类涉农资金整合捆绑使用和统筹管理,形成合力,提高资金使用效率和效益,有效推动农村"空心房"综合整治。"撬动",就是要通过以奖代补、贴息、担保等方式,发挥财政资金的杠杆作用,引导金融和社会资本更多地投向农业农村,支持农村"空心房"整治[1]。

创新涉农贷款方式。完善以农房等农村资产、土地承包经营权、建设用地使用权、宅基地使用权等用益物权的抵押担保机制,开展农村小额信贷,并适当放宽贷款期限,实行优惠利率。

试点发行地方政府一般债券。支持地方政府发行一般债券用于支持农村基础设施建设、环境保护建设、"空心房"整治等乡村振兴项目。稳步推进地方政府专项债券管理改革,鼓励地方政府试点发行项目融资和收益自平衡的专项债券,支持符合条件、有一定收益的乡村公益性项目建设。规范地方政府举债融资行为,不得借乡村振兴之名违法违规变相举债。

拓宽资金筹集渠道。调整完善土地出让收入使用范围,进一步提高农业农村投入比例。建立新增耕地指标和城乡建设用地增减挂钩节余指标交易机制,将所得收益通过支出预算全部用于支持实施乡村振兴战略。适度发展 PPP 模式,减少民间资本进入乡村建设的障碍。同时,在区分公益性项目和商业性项目的基础上,试点推广 BT 模式(建设—移交)、BOT 模式(建设—经营—移交)、BLT 模式(建设—租赁—移交)和 BOO 模式(建设—拥有—经营),拓宽农村"空心房"综合整治的资金来源。

激发村民参与积极性。推广"一事一议"、以奖代补等方式,鼓励农民对直接受益的乡村基础设施建设投工投劳,让农民更多参与建设管护。

第三节 古村落"空心房"整治的建议与思考

古村落承载着重要的物质文化、行为文化以及精神文化,是一种珍贵的文化资源。宗祠、祖堂、寺庙、牌坊等,是古村落重要的公共建筑物。在湘西和湘南地区留存着

---

[1] 叶兴庆. 实施好乡村振兴战略的原则与抓手 [J]. 农村工作通讯,2018(07):11-13.

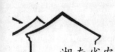

许许多多具有一定历史文化、科学、艺术、社会和经济价值的村落，例如龙山县的惹巴拉古村、绥宁县关峡苗族乡大园村、桂东县沙田村等。但由于年轻人大都会选择外出打工，古村中大都是留守的老人和儿童，古村落"空心化"趋向愈演愈烈，且难以遏制。那么，正确处理好空心房整治与古村落保护之间的关系，将会成为一个比较重要的课题，如何拿捏"拆与建"的尺度需要引起思考。

一、全面调查认定，保护传统建筑

对农村"空心房"整治中有价值和地域特色的传统建筑、古建筑，要做好调查、认定、保护等相关工作。按照农村居民集中集约的用地要求，着力改善村民人居环境和生活质量，扩大耕地面积。根据职责分工，配合文化文物部门对全市范围内有价值、有地域特色的传统建筑以及古建筑进行调查、认定和保护，加强对地下文物的保护和抢救性考古发掘。

对辖区范围有历史价值的传统建筑和有地域特色的古建筑进行全面调查和认定，建立传统建筑、古建筑调查档案。加强"空心房"整治过程中地下文物保护工作，按照文物保护要求，做好新规划建设的集中居民点地下文物的调查、勘探和抢救性考古发掘工作。为传承和强化地域文化元素符号，留住乡愁，对调查认定具有保留价值、能彰显地方特色的传统建筑和各类古建筑维修，按照"修旧如旧"原则进行整修整治。对具有历史价值的传统建筑和地域特色古建筑进行调查、认定和保护工作，是保护优秀传统文化、保留乡村记忆、建设美丽乡村和落实乡村振兴计划，统筹城乡发展的重要举措。

积极鼓励和支持对中国传统村落、历史文化名村、正在申报中国传统村落的村庄等保护区内和以祠堂或其他保护性建筑为中心成片传统建筑群内的传统建筑（包括青砖房、土坯房等），以及零星散落但具有保留价值、能彰显特色、传承文脉的古民居、祖屋等保护性建筑进行修缮维护，传承历史文化，彰显乡村特色。

二、发掘地方文化资源，创造地方文化品牌

古村落"空心房"整治中腾退的土地有选择地划出一定范围用于乡村公共文化设施建设，积极谋求发展之路。应发掘古村落特色，在保证其历史风貌完整的前提下，尽可能展现并突出其文化特色，合理发掘其地方文化资源，创造出独特的地方文化品

牌。

首先，可从古村落历史文化资料分析的角度入手，更加精准地抓住该古村落的珍贵文化资源、文化特色，为之后的文化品牌创造打下基础；

其次，根据古村落不同区域的特点，划分出重点保护区域，保证该区域的历史文化特征不被破坏，严格限制现代商业元素入驻，将艺术创作、文化展览等功能融入其中，打造独具特色的地方文化品牌，在保护古村落的同时实现重点区域功能转变，削弱居住功能，实现重点保护。

再次，成立专项资金，吸引社会力量建设乡村文化项目，建设乡村大舞台、乡村文化广场、公共图书馆、村规集中展示栏等，丰富乡村文化内容，深化农村文化内涵。筑牢乡村文化宣传阵地，净化农村文化环境。丰富农村文化传播方式，采用宣传栏、广播站、文化墙、海报宣传等贴近农民生活、农民喜闻乐见的方式，开展歌舞比赛、文明家庭评选等活动，并给予优秀者一定奖励，提高宣传效果。动员农村各方面力量加入到乡村文化建设中来，发挥农村干部和党员的先锋模范作用，带头普及农村文化。运用政策优势，提高福利待遇。选拔一批文化素质高的大学生加入到农村文化建设中来。实施"乡贤培育计划"，支持各方社会贤达投身乡村文化建设。要抓住薄弱环节，严守意识形态阵地，切实加强对网络媒体的有效监管，净化农村精神文明建设环境。

三、鼓励就业创业，吸引人口回流

大量农民外出打工，加剧了农村"空心房"问题。在古村落保护的问题上，需要创造条件让外出打工的农民回归。然而就业是农民面临的一个难题，就地择业通常工资水平十分低下。通过"空心房"整体改善农村面貌，是吸引农民返乡工作，促进劳动力回流的重要机遇。但是农民大都知识水平低，就业竞争力差。"空心房"整治中需要异地搬迁的农民和因为"空心房"整治回村就业的农民，他们对当地就业环境不熟悉，对就业信息关注度不高，有很高的失业风险。

为了更好地保障农民就业，建议政府应当强化对农村居民的就业技能培训，提高农民的就业本领，定期开展培训会和座谈会运用农村宣传栏和农村广播等宣传农民最新就业政策，及时展出就业信息，确保信息的时效性。带动当地乡镇企业，定期组织招聘会，为农民提供培训、实习的机会，有针对性地提供适应不同文化程度的工作岗位。加大资金投入，结合当地特色产业和农民意愿，对农民进行职业技能培训，如中草药种植、茶叶加工、养蜂等特色农业，或电子商务、农家乐等实用性技能培训，切实提高农民的就业本领。

除了增加农民的就业本领，还要积极鼓励支持农民自主创业。当地政府可以在政策、资金、技术上给予支持，举办农民创业培训，降低农民创业贷款门槛，对其给予创业奖补、税收减免、简化办事流程等优惠措施，更好地帮助返乡农民脱贫致富。通过落实农民就业创业，一方面能解决农民的就业问题，切实让农民获得实惠。另一方面，农民得到良好的工作后，更能理解支持农村"空心房"整治工作，促进整治工作顺利进行。

农村地区长久以来都是第一产业占据主导地位，农产品单一且竞争力不强，大部分地区农业还停留在农产品的简单种植层面，缺乏完善的农业产品体系。农村产业发展要抓住"空心房"整治这一契机，发挥地区优势，利用农村地区丰富的自然历史资源，打造优势品牌。利用科技创新，引入先进的农业技术，发展现代化农业，用科技创新引领农业发展。与高校和科研机构建立合作关系，通过运用科技手段提升农产品品质，促进形成产学研相结合的农业发展体系。鼓励企业做大规模、增强竞争力，创建农业产业园，推动一二三产业融合，使农业发展质量、效益、素质得到全面提升。为当地农产品搭建推广平台，为本地区优势农产品走出去提供指导，建立完善的农产品品牌培育、发展、完善、保护体系，实现"一村一品"。事实上，只有农民增收了，农村产业兴旺发达，才能阻断城乡之间人口流动的"推力"与"拉力"，甚至激发农村对在外劳动力返乡务工创业的积极性，形成农村反向吸引城市人口回流的"拉力"。[1]

---

[1] 刘 轩. 农村"空心房"整治研究——以湖南省汨罗市为例 [D]. 湖南师范大学，2019.